FACULTÉ DE DROIT DE PARIS.

DE LA LÉGITIME

EN DROIT ROMAIN

DE LA RÉSERVE ET DE LA QUOTITÉ DISPONIBLE

EN DROIT FRANÇAIS

THÈSE

POUR LE DOCTORAT

SOUTENUE

PAR HENRI MARTINI

Né à Dresde (Saxe)

Le Mercredi 26 avril 1865, à 2 heures

En présence de M. l'Inspecteur général Ch. GIRAUD.

PARIS

IMPRIMERIE DE ...

RUE SAINT-HONORÉ ...

DE LA VALEUR PRATIQUE DE LA MAXIME

NEMO CUM DAMNO ALTERIUS LOCUPLETIOR FIERI DEBET

EN DROIT ROMAIN

DE L'ACTION EN RÉPÉTITION DE L'INDU

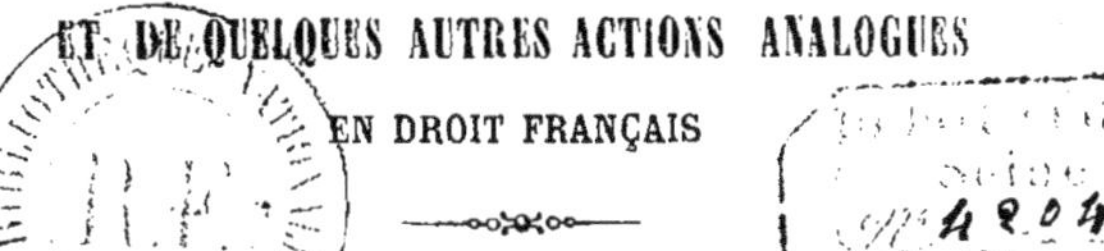

ET DE QUELQUES AUTRES ACTIONS ANALOGUES

EN DROIT FRANÇAIS

THÈSE POUR LE DOCTORAT

SOUTENUE

le mercredi **12 juin 1872**, à deux heures

PAR

GASTON RAU

Lauréat de la Faculté de droit de Strasbourg

Président : M. GIRAUD, *Inspecteur général des Écoles de droit,*
professeur,

SUFFRAGANTS :
- MM. COLMET-DAAGE, *Doyen,*
- VALETTE,
- LABBÉ, — Professeurs.
- BOISSONADE, — Agrégé.

Le candidat répondra, en outre, aux questions qui lui seront faites
sur les autres matières de l'enseignement.

PARIS

IMPRIMERIE CUSSET ET CIE

RUE RACINE, 26, PRÈS DE L'ODÉON.

1872

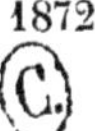

A

MM. AUBRY ET RAU

Auteurs du *Cours de Droit civil français*.

INTRODUCTION

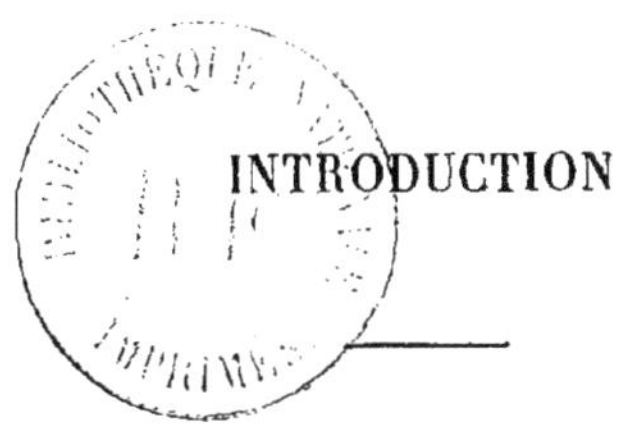

§ 1.

L'un des adages les plus célèbres du droit, est cette maxime que nous ont transmise les Romains : *Nemo cum damno alterius locupletior fieri debet.*

Proclamé dans plusieurs passages du Digeste, ce principe répondait trop bien à la notion de justice qui est dans la conscience de tous, pour ne point passer dans notre législation. Aussi fut-il accueilli par les rédacteurs du Code Napoléon, et reconnu implicitement dans plusieurs articles.

Mais quelque légitime que soit ce grand précepte d'équité, il ne faudrait pas lui attribuer une valeur absolue et croire qu'il donne, dans tous les cas, le moyen de contraindre à une restitution celui qui s'est enrichi aux dépens d'autrui. Cela ne serait vrai ni pour le droit français, ni surtout pour le droit romain, dans lequel le formalisme des anciennes institutions résista toujours, et quelquefois victorieusement, à l'influence de l'équité.

Rechercher, dans l'une et l'autre législation, quelle a été la portée du principe qui vient d'être énoncé, serait une étude d'un grand intérêt, mais qui malheureusement dépasserait les limites d'une simple thèse. Aussi devons-nous renoncer à l'entreprendre tout entière, et nous contenterons-nous de puiser dans cette vaste matière le sujet du travail qui va suivre.

En droit romain, nous essaierons de démontrer, par l'examen d'un certain nombre de cas, que jamais la maxime formulée si nettement par Pomponius dans la loi 14, D., *De cond. ind.*, 12, 6, « *Æquum est, neminem cum alterius detrimento fieri locupletiorem,* » ne fut reconnue comme règle de droit positif, créant dans tous les cas, pour celui qui avait augmenté sa fortune aux dépens d'un autre, une obligation civile de restitution.

Puis, en droit français, nous étudierons l'action en répétition de l'indu, et quelques autres actions analogues, matière qui présente l'une des applications les plus remarquables de la maxime de Pomponius.

§ 2.

Avant d'aborder l'étude que nous venons de nous proposer, nous analyserons rapidement la loi 14, dont nous venons de parler : « Nam hoc natura æquum est, neminem cum alterius detrimento fieri locupletiorem, » sur le sens de laquelle il importe d'être parfaitement fixé.

Qu'est-ce d'abord que *locupletior fieri?* La réponse semble facile, c'est : *s'enrichir, augmenter sa fortune.* Mais cette traduction, fort claire dans le langage usuel, a besoin d'être précisée au point de vue du droit, et nécessite quelques développements.

Tout droit, soit personnel, soit réel, que peut exercer une personne, représente pour elle un avantage qui s'estime d'après la valeur pécuniaire de l'objet sur lequel porte ce droit, l'argent étant en quelque sorte le régulateur universel adopté par les hommes dans leurs rapports juridiques. Inversement, tout droit que l'on peut faire valoir contre une personne, représente pour elle un désavantage qui s'apprécie d'une manière analogue, c'est-à-dire d'après la valeur pécuniaire de l'objet sur lequel elle est forcée de laisser exercer le droit. La réunion de tous ces avantages et désavantages, ou en d'autres termes, de toutes ces valeurs actives et passives, constitue ce que l'on appelle le *patrimoine* d'une personne, en langage ordinaire, sa fortune.

La consistance d'un patrimoine se détermine par la déduction du passif de l'actif. Dès lors, toute valeur nouvelle qui y entre, c'est-à-dire toute création d'un droit au profit du maître du patrimoine, comme aussi toute suppression d'un droit existant à son détriment, l'*accroît*. Toute valeur qui en sort, c'est-à-dire toute création ou suppression en sens contraire, le *diminue*. Et par conséquent, lorsqu'un même acte fait simultanément entrer et sortir des valeurs du patrimoine, il ne l'accroît ou le diminue que de la différence de ces valeurs.

Ces explications nous permettent de saisir parfaitement le sens des mots *locupletior fieri*. *Locupletior fieri*, c'est *accroître son patrimoine*, en d'autres termes, recevoir une valeur sans en perdre aucune, ou en n'en perdant qu'une inférieure.

On comprend que ce résultat puisse être amené par les voies les plus diverses, car il se rattache à tous les modes d'acquisition et d'extinction des droits. Aussi rappellerons-nous simplement quelques-uns des cas où il se produit, sans chercher à les énumérer tous. On deviendra *locupletior*, soit par une acquisition de propriété ou d'un droit réel sur la chose d'autrui, soit par l'extinction d'un pareil droit grevant sa chose; par l'obtention d'un droit personnel, ou par la libération d'une obligation; enfin par l'épargne résultant de ce que certains travaux, certaines dépenses, qui seraient tombées à la charge de quelqu'un, ont été effectuées par un tiers (1).

______

(1) Ici il y a une sorte de libération anticipée d'obligation. Cet exemple concorde donc parfaitement avec la définition que nous avons donnée du patrimoine.

Lorsqu'un accroissement de patrimoine a lieu au profit d'une personne, il peut présenter deux caractères distincts : ou bien la valeur qui enrichit cette personne ne se trouvait dans le patrimoine d'aucune autre ; ou bien elle a passé d'un autre patrimoine dans le sien. Cette distinction nous conduit à l'explication de la seconde partie de la règle de Pomponius, aux expressions *cum alterius detrimento*.

Le mot *detrimentum* exprime l'idée d'une perte, et par conséquent, en termes juridiques, de la sortie d'une valeur d'un patrimoine. Aussi n'y aura-t-il jamais de *locupletior factus cum detrimento alterius*, que dans la seconde des hypothèses qui viennent d'être indiquées. La condition spécifiée par Pomponius est parfaitement claire. Pour qu'il y ait lieu à application de la règle posée, il faut un accroissement du patrimoine d'une personne, résultant *de la diminution du patrimoine d'une autre personne*.

Cette modification en sens inverse, de la fortune de deux parties, peut d'ailleurs se présenter sous les formes les plus variées. Mais il sera toujours facile, avec les notions qui viennent d'être rappelées, de juger si une situation quelconque présente , oui ou non, un *locupletior factus cum alterius detrimento*, dans le sens de la maxime. Prenons un exemple. Deux chasseurs poursuivent, chacun de son côté, un animal qui leur a été signalé. L'un des chasseurs le rencontre et le tue. Il en acquiert la propriété, et rend impossible pour l'autre, le gain qu'il aurait fait en le tuant. Est-il *locupletior factus cum detrimento alterius?* L'animal n'étant l'objet d'aucun droit, et par conséquent, l'acquisition de sa propriété faisant entrer dans le patrimoine d'une personne une valeur qui n'est sortie du patrimoine d'aucune autre, nous devons répondre que non. Et en effet, l'autre partie ne perdant que la possibilité éventuelle d'acquérir un droit, on ne peut pas dire que sa fortune soit diminuée.

Ainsi, une condition clairement exprimée par le mot *detrimentum* est : diminution d'un côté, ayant amené accroissement de l'autre. Mais cette idée représente-t-elle le sens complet de *detrimentum* dans la loi de Pomponius? Évidemment non; le jurisconsulte a voulu, en outre, attacher à cette expression la pensée d'une condition subjective. Il a entendu parler d'une modification de deux patrimoines, *contraire à la volonté de la personne que cette transformation a appauvrie*. La lecture de la loi, et la signification ordinaire du mot *detrimentum*, ne permettent point de doute à cet égard. Ne serait-il pas en effet impossible de dire que celui qui s'est volontairement dépouillé au profit d'un autre, éprouve un *detrimentum?*

Nous voilà donc fixés sur le sens de la plus grande partie de la loi, et pour en achever l'explication, nous n'aurons plus qu'à dire un mot de l'expression *Natura æquum est.* Par ces termes, l'auteur indique que la règle qu'il pose, n est pas une institution de pur droit civil, que c'est une maxime d'équité, une maxime conforme aux grands principes de la justice.

§ 3.

L'examen que nous venons de faire du passage de Pomponius nous a montré que trois circonstances seulement étaient relevées comme conditions de la règle donnée : 1° un accroissement d'un patrimoine; 2° une diminution d'un autre patrimoine qui y correspond; 3° un état de choses contraire à la volonté du propriétaire dont la fortune est amoindrie. Il semble donc qu'elle devrait s'appliquer à toute situation présentant la réunion de ces trois circonstances. Mais il est facile de voir qu'il n'en est rien, car cette supposition se trouverait en contradiction flagrante avec des institutions formelles du droit positif. Je n'en veux pour exemple que l'usucapion et la prescription extinctive qui consacrent, à n'en pas douter, l'accroissement du patrimoine d'une personne au détriment d'une autre, ou ce fait, qu'en matière de vente, une lésion ne dépassant pas certaines limites n'enlève aucune force au contrat, et vient par conséquent enrichir l'un des contractants aux dépens de l'autre. Aussi devons-nous supposer que le jurisconsulte, auquel n'a pu échapper l'opposition de certaines institutions juridiques avec la règle qu'il formulait, a entendu y apporter certaines restrictions implicites. Mais comme il ne les indique en rien, on ne peut les admettre que pour les cas où il est presque évident que le principe qu'il posait était inapplicable, c'est-à-dire lorsque la modification des deux patrimoines était, *soit le résultat direct d'une institution de droit civil, soit la conséquence d'un contrat reconnu comme parfaitement légitime et valable.*

Cette restriction, que nous sommes forcé de supposer, prouve avec certitude que la maxime de Pomponius ne saurait être prise au pied de la lettre comme règle de droit positif, observation qui s'applique tout naturellement à l'adage français qui en a été tiré. Mais doit-on au moins lui reconnaître ce caractère, dans les limites que lui crée la restriction signalée? On ne saurait le faire, et nous verrons que, malgré la netteté de la loi 14, D., *De cond. ind.*, il est resté, même dans le droit de Justinien, une foule de cas dans lesquels une personne s'enrichissait aux dépens d'autrui, sans pouvoir être contrainte à restitution.

Quelle est donc la valeur pratique de la maxime : *Æquum est neminem cum alterius detrimento fieri locupletiorem?* Elle ne fait que rappeler un grand principe d'équité, une sorte d'idéal juridique, que doit se proposer le législateur. Sans doute, ce principe eut la plus grande influence sur le développement des institutions romaines, il alla même jusqu'à faire reconnaître pour des cas spéciaux une obligation sanctionnée par une action, mais il n'eut jamais force absolue de loi ; et sous ce rapport, le passage de Pomponius qui le proclame peut être rapproché d'un autre texte célèbre, la loi 10, § 1, D., *De just. et jure*, 1, 1, qui, elle aussi, donne comme une règle de droit, un simple devoir d'équité, l'obligation de « *suum cuique tribuere.* »

DROIT ROMAIN.

BIBLIOGRAPHIE.

BONJEAN. *Traité des actions, ou exposition historique de l'organisation judiciaire et de la procédure civile chez les Romains.* 2 vol. in-8. Paris (Videcoq). 1845

CUJAS. *Opera* (éd. Scot). 4 vol. in-fol. Lugduni (Pillehote). 1606

DEMANGEAT. *Cours élémentaire de droit romain.* 2 vol. in-8. Paris (Marescq). 1864

DU CAURROY. *Institutes de Justinien nouvellement expliquées.* 2 vol. in-8. Paris (Thorel). 1841

KELLER (de). *Pandekten* (éd. Friedberg). 1 vol. in-4. Leipzig (Tauchnitz). 1861

LAUTERBACH. *Collegium theoretico-practicum* (éd. Thomas Lauterbach). 3 vol. in-4. Tubingæ (Costa). 1763

MACHELARD. *Des obligations naturelles en droit romain.* 1 vol. in-8. Paris (Durand). 1861

MACKELDEY. *Lehrbuch des heutigen romischen Rechts.* 2 vol. in-8. Giessen (Heyer). 1831

MAYNZ. *Eléments de droit romain.* 2 vol. in-8. Bruxelles (Decq). 1859

ORTOLAN. *Explication historique des Institutes de l'empereur Justinien.* 3 vol. in-8. Paris (Plon). 1863

POTHIER. *Traité du droit de domaine de propriété,* t. X (éd. Suffrein). 18 vol. in-8. Paris (Chanson). 1821

PUCHTA. *Cursus der Institutionen* (éd. Rudorff). 3 vol. in-8. Leipzig (Breitkopf). 1853

PUCHTA. *Pandekten* (éd. Rudorff). 1 vol. in-8. Leipzig (Barth). 1853

SAVIGNY (de). *System des heutigen romischen Rechts.* 8 vol. in-8. Berlin (Veit). 1840

Sell. *Versuche im Gebiete des Civilrechts* (Erster Theil). 1 vol. in-8. Giessen (Ricker). 1833

Thibaut. *System des Pandekten-Rechts.* 3 vol. in-8. Iéna (Marcke). 1823

Unterholzner. *Lehre des romischen Rechts von den Schuldver-haltnissen* (éd. Huschke). 2 vol. in-8. Leipzig (Barth). 1840

Vangerow (de). *Lehrbuch der Pandekten.* 3 vol. in-8. Marburg (El-wert). 1863

Wening-Ingenheim. *Lehrbuch des gemeinen Civilrechts* (éd. Adam Fritz). 3 vol. in-8. München (Fleischmann). 1837

Windscheid. *Lehrbuch des Pandektenrechts.* 3 vol. in-8. Dussel-dorf (Buddens). 1862

Witte. *Die Bereicherungsklagen.* 1 vol. in-8. Halle (Pfeffer). 1850

DROIT ROMAIN

DE LA VALEUR PRATIQUE DE LA MAXIME

NEMO CUM DAMNO ALTERIUS, LOCUPLETIOR FIERI DEBET.

(Examen de quelques cas particuliers.)

NOTIONS GÉNÉRALES. — DIVISION DU SUJET.

Après avoir, dans notre introduction, cherché à déterminer nettement le sens de la maxime de Pomponius, nous avons dit que cette maxime n'avait jamais eu chez les Romains force absolue de loi, c'est-à-dire qu'elle ne créait pas *dans tous les cas d'accroissements de patrimoine acquis aux dépens d'autrui, une obligation civile de restitution.*

Nous allons essayer maintenant de justifier cette assertion.

Il est certain, d'abord, que le fait pur et simple de s'être enrichi au détriment d'un autre ne constituait, en droit romain, ni un contrat, ni un délit, ni même un quasi-délit. Mais était-il une de ces causes désignées par Gaius sous la dénomination vague de *variæ causarum figuræ*, d'où pouvaient naître des obligations, *quasi ex contractu* (1)? La question est délicate, les textes indiquant bien quelques cas de quasi-contrats, mais n'en donnant point une énumération limitative. Voici comment nous arriverons à la résoudre :

Le fait caractéristique de l'obligation civile (2) est de donner lieu à une action qui la sanctionne. S'il existe une obligation pour le cas qui nous occupe, elle devra nécessairement créer une action contre celui qui s'est enrichi. Dès lors, si nous trouvons un certain nombre de cas où il y aurait lieu à appliquer la loi 14, *De cond. ind.*, et où il est certain pourtant qu'aucune action dérivant de la maxime formulée dans cette loi n'est possible, nous serons autorisé à dire qu'un accroissement de patrimoine aux dépens d'autrui n'est point par lui-même, et dans toutes les circonstances, un quasi-contrat créant une obligation de restitution.

Pour faire cette recherche, nous ne passerons pas en revue toutes les situations rentrant dans les termes de la maxime de Pomponius, cet examen nous entraînerait trop loin. Nous ne nous

---

(1) L. 1, pr., D., *De oblig. et act.*, 44, 7, et § 2, I., *De oblig.*, 3, 13.

(2) Il est évident que le mot obligation *civile* est pris ici par opposition au mot obligation *naturelle*, et non à obligation prétorienne.

occuperons que des cas où les maîtres des patrimoines sont tous deux *cives romani, patresfamilias,
ingenui, viginti quinque annis majores, præsentes,
non furiosi;* et encore, parmi ceux-ci, en néglige-
rons-nous quelques-uns, qui seront indiqués au
cours du travail.

Lorsque toutes les circonstances qui viennent
d'être déterminées se trouveront réunies, nous
rechercherons quelles actions étaient données
contre la personne enrichie aux dépens d'une autre, laissant toutefois de côté celles qui sont évidemment étrangères à la règle : *nemo cum damno
alterius locupletior fieri debet.* Nous verrons si ces
actions donnent satisfaction à la maxime de Pomponius, et si elles en dérivent directement ou doivent leur origine à une autre cause.

Afin d'apporter autant de méthode que possible
à ce travail, nous examinerons successivement les
différentes manières dont peut se produire l'enrichissement de quelqu'un aux dépens d'autrui ; or
un peu d'attention fait voir que ce résultat sera
toujours dû à un fait, soit de celui dont la fortune
est diminuée, soit d'un tiers, soit de celui dont la
fortune est augmentée, ou enfin à un événement
de pur hasard. Aussi diviserons-nous notre étude
en quatre sections correspondant à ces différentes
hypothèses (3), et examinerons-nous :

(3) J'ai trouvé une division analogue dans une brochure
allemande qui m'a fourni d'utiles indications pour cette étude,
Witte, *Die Bereicherungsklagen.*

1° L'accroissement de l'un des patrimoines au détriment de l'autre, résultant du fait du propriétaire qui éprouve le préjudice.

2° L'accroissement résultant du fait d'un tiers.

3° L'accroissement résultant du fait du propriétaire qui réalise le gain.

4° L'accroissement résultant du hasard.

SECTION I.

ACCROISSEMENT DE L'UN DES PATRIMOINES AU DÉTRIMENT DE L'AUTRE, RÉSULTANT DU FAIT DU PROPRIÉTAIRE QUI ÉPROUVE LE PRÉJUDICE.

CHAPITRE I.

Accession. — Gestion d'affaires.

§ 1.

En examinant les différentes situations dans lesquelles se rencontre en droit romain une transformation de deux patrimoines présentant une application possible de la maxime : *Nemo cum damno alterius locupletior fieri debet*, et opérée dans les conditions que spécifie le titre de cette section, on trouve qu'elles peuvent se classer en deux grands groupes :

1° La modification de la fortune des parties est le résultat d'un acte juridique passé entre elles, et ayant eu pour objet immédiat la translation d'une valeur de l'une à l'autre.

2° Elle s'est produite sans acte de cette nature.

La première de ces catégories comprend tous les cas où l'une des parties a fait à l'autre un payement, lui a remis une chose, a créé à son profit une obligation, en un mot, lui a, au moyen d'une des formes reconnues par la loi, transmis une valeur, mais n'a agi qu'en vue soit d'une *causa* qui n'a jamais existé ou n'existe plus, soit d'une *causa futura* dont la réalisation est rendue impossible par un obstacle matériel ou légal. C'est ce qui aura lieu, par exemple, si Mævius, se croyant débiteur de Titius, lui remet en payement de sa dette une somme d'argent, et que Titius ne soit point son créancier; c'est ce qui se passera également si Negidius donne une chose en dot à Agerius, en vue d'un mariage, et que ce mariage n'ait pas lieu; si Sempronius s'engage vis-à-vis de Valerius dans l'idée d'en obtenir une prestation, et que Valerius ne l'accomplisse point, ainsi que dans une foule d'autres circonstances que ces exemples rendent faciles à concevoir.

Il est visible que dans ces différentes hypothèses se rencontre un *locupletior factus cum damno alterius*. En effet, elles présentent, d'un côté, un accroissement de patrimoine résultant de la diminution d'un autre patrimoine, et, d'autre part, un état de choses que l'inexistence ou la non-réalisation de la cause a rendu nécessairement contraire

à la volonté de celle des parties dont la fortune
est amoindrie. Mais comme l'examen des actions
qui s'y rattachent serait fort long, et que nous ne
pouvons donner trop d'étendue à ce travail, nous
laisserons de côté cette première catégorie. Nous
nous contenterons de faire remarquer à son sujet
que, dans la plupart des cas qui y rentrent, celui
qui s'était enrichi aux dépens d'autrui pouvait être
contraint à restitution au moyen d'une *condictio
indebiti*, *sine causa*, *causa data causa non secuta*,
ob turpem ob injustam causam (1), et que, par conséquent, la maxime proclamée par Pomponius s'y
trouvait généralement sanctionnée.

Nous allons passer immédiatement à l'étude de
la seconde des classes qui viennent d'être indiquées, et nous verrons qu'elle comprend beaucoup
de situations pouvant donner lieu à application de
la maxime de Pomponius, sans qu'il eût été passé
aucun *negotium* entre les parties.

Ces différentes situations se rencontrent dans
deux matières : l'accession et la gestion d'affaires.
Nous allons les examiner d'abord au point de vue
de la première condition nécessaire pour qu'il y
ait un *locupletior factus cum damno alterius*, l'accroissement d'un patrimoine avec diminution d'un
autre patrimoine. Ce sera l'objet du § 2. Puis nous
les envisagerons au point de vue de la seconde

(1) Nous aurons occasion de reparler de ces différentes
actions dans la partie de notre thèse relative au droit français.

condition : l'absence de conformité entre la transformation des patrimoines et la volonté du propriétaire dont la fortune est amoindrie. Ce sera
l'objet du § 3. Après avoir, par cet examen, dé-
montré qu'elles donnent bien lieu à application de
la maxime, nous nous occuperons, aux chapitres
suivants, des actions qui s'y rattachent.

§ 2.

Accession. — L'on connaît les principes du
droit romain sur ce mode d'acquisition par suite
duquel, la propriété d'une chose réunie à une
autre de telle sorte qu'elle en devienne une partie
accessoire, en perdant sa propre individualité,
passe au *dominus* de cette autre chose, et l'on voit
immédiatement comment ce phénomène où l'on
acquiert *vi ac potestate rei suæ*, comme dit
Pothier(1), peut amener une modification de deux
patrimoines avec les caractères indiqués. Que
Mævius ajoute *ferruminatione* un bras à la statue
de Titius, voilà Titius rendu propriétaire de ce
bras, c'est-à-dire recevant un accroissement de
patrimoine, sans avoir passé de *negotium* avec
Mævius.

Dans le terme général accession, nous compre-
nons la spécification qui, elle aussi, peut conduire à
un accroissement de patrimoine, en faisant ac-

____

(1) Pothier, *Traité du droit de domaine de propriété*, n° 156.

quérir au *dominus materiæ* le travail du spécificateur (2). Valerius cisèle un vase dans une masse
d'argent appartenant à Sempronius ; celui-ci acquiert le vase ; son patrimoine s'augmente de la
valeur du travail de Valerius, et c'est Valerius
lui-même qui est l'auteur de cet accroissement de
patrimoine.

Je ne veux pas multiplier les exemples ; qu'il me
suffise d'avoir rappelé comment la matière de
l'accession pouvait présenter des modifications
dans la fortune de deux personnes, comprenant
toutes les conditions que nous avons énumérées.

Gestion d'affaires. — Le terme gestion d'affaires
s'applique à tout acte d'administration d'une
fortune. Parmi les opérations si variées qui con-
stituent un acte de cette nature, il en est deux qui
doivent nous occuper, car elles peuvent conduire à
une transformation du patrimoine de deux personnes, présentant les caractères que nous supposons ici. Ce sont les faits d'impenses et de libération d'une obligation.

Les impenses sont toute dépense, tout travail
destiné à conserver, améliorer ou embellir une

---

(2) Cette proposition est exacte pour la théorie des Sabiniens
et pour celle de Justinien. Elle ne le serait pas pour l'opinion
des Proculéiens. Cette dernière opinion est d'ailleurs sans application dans cette section, où l'on n'examine que les modifications résultant du fait du propriétaire qui éprouve le préjudice, et non de celui qui voit sa fortune s'accroître. (Pour
la controverse des deux écoles, voir L. 7, § 7, D., *De acq. rerum don.*, 41. 1)

chose. Quelle que soit la forme de l'impense,
qu'elle consiste en une réparation faite à un bâti-
ment, ou en une éducation donnée à un esclave,
son caractère est de disparaître dans la chose à
laquelle elle s'applique et de passer à l'état de partie ou de qualité accessoire de cette chose. Aussi
devient-elle par accession la propriété du *dominus* de cette chose, et si elle est faite par un tiers,
l'enrichit-elle en diminuant le patrimoine de ce
tiers. Tout ce que nous avons dit de l'accession
s'applique ici; les deux situations, en effet, ne se
distinguent qu'en ce que, dans les impenses, l'adjonction amenant l'acquisition de propriété appa-
raît moins clairement que dans l'accession proprement dite.

Quant à l'extinction d'une obligation, voici
comment elle opérera une modification de deux
patrimoines devant nous occuper à cette section.
Lorsqu'une personne fait une novation avec le
créancier d'un tiers, ou bien lorsqu'elle lui remet
le montant de la dette de ce tiers, celui-ci pourra,
dans certaines circonstances, être complétement
libéré, et dès lors la modification des deux patrimoines se présentera avec les conditions requises (3).

---

(3) Dans tous ces cas l'accroissement du patrimoine est bien
le résultat du fait de celui qui paie, ou effectue l'*expromissio;*
le créancier n'intervient pas d'une manière active. C'est pour
cela que nous en parlons à la section I, et non à la section III,
qui traite des cas où l'accroissement de patrimoine a été opéré
par un tiers.

Titius paye en connaissance de cause à Sempronius ce qui est dû à ce dernier par Mævius, Mævius se trouve libéré ; Aulus Agerius se substitue par *expromissio* à Mævius dans son obligation vis-à-vis de Valerius, cette novation amènera également la libération de Mævius ; voilà des exemples d'une extinction d'obligation conduisant au résultat signalé.

Nous ne nous étendrons pas sur la gestion d'affaires plus que nous ne l'avons fait pour l'accession ; nous nous contenterons d'avoir rappelé comment il pouvait s'y rencontrer des transformations de la fortune de deux personnes, réunissant les conditions supposées.

§ 3.

Nous venons de voir comment, par suite d'accession ou de gestion d'affaires, une personne pouvait, en diminuant sa fortune, augmenter le patrimoine d'une autre personne sans avoir passé avec elle de *negotium*. Dans ces différents cas, elle aura toujours été, en agissant, sous l'impression d'un des trois sentiments que voici :

1° Croyant, par erreur, opérer sur ses propres objets ou ne calculant pas les conséquences juridiques de ses actes, elle n'aura eu en vue que son intérêt sans avoir la pensée de faire passer une valeur de son patrimoine dans celui d'un tiers.

2° Connaissant la situation, elle aura eu la pensée

de transmettre une valeur à une autre personne, mais avec l'intention d'en obtenir ultérieurement une indemnité.

3° Enfin, ne se méprenant pas sur les suites de ses actes, elle ne les aura accomplis que pour faire une libéralité au tiers qui devait en profiter.

Nous ne nous occuperons pas de la troisième de ces hypothèses. Il s'y trouve, en effet, un *animus donandi* qui écarte la possibilité d'un *damnum*, et, par conséquent, elle sort de notre sujet.

Les deux autres, au contraire, doivent nous arrêter.

Pour la première, d'abord, elle nous présente toujours un *locupletior factus cum alterius damno*. N'y a-t-il pas en effet, d'une part, accroissement, de l'autre, diminution de patrimoine, et, à côté de cette modification de deux fortunes, un état de choses nécessairement contraire à la volonté de celui qui est appauvri, car il n'a agi que sous l'empire d'une erreur de fait ou de droit.

Et, quant à la seconde, il en sera de même, aussi longtemps que l'espoir d'obtenir une indemnité de la personne dont la fortune est augmentée ne se sera pas réalisé pour celui qui a aliéné une de ses valeurs.

Voilà donc deux hypothèses dans lesquelles se rencontre un *locupletior factus cum alterius damno*, et qui embrassent, ainsi que nous l'avons vu, une foule de cas particuliers. Examinons-les successivement et voyons si, dans l'une et l'autre, le droit romain avait créé une action destinée à empêcher le maintien d'une situation manifestement en opposition avec la maxime : *Nemo cum damno alterius locupletior fieri debet.*

CHAPITRE II.

Actions applicables à l'accession, ou à la gestion d'affaires, lorsque celui qui a procuré un accroissement de patrimoine a agi par erreur. — *Exceptio doli.*

§ 1.

Ainsi que sur beaucoup d'autres points de droit, il ne faut pas, pour la question que nous nous sommes posée à la fin du chapitre précédent, espérer trouver dans les textes des règles générales permettant de la résoudre immédiatement. Nous serons donc forcé de formuler nous-même ces règles en les déduisant de textes disséminés dans le *Corpus juris.*

Prenons d'abord l'hypothèse dans laquelle l'auteur de l'accroissement de patrimoine a agi par erreur. Elle n'est applicable qu'aux modifications de fortune résultant d'accession ou d'impenses, car, pour la libération d'une obligation, elle suppose toujours chez celui qui paie pour un autre la connaissance de la situation, et l'intention d'acquitter la dette d'un tiers (1). Eh bien, pour cette pre-

(1) L. 31, pr., D.. *De hered. pet.*, 5, 3.

mière hypothèse, voici la solution à laquelle nous permet d'arriver l'examen de la législation romaine :

A aucune époque, le droit romain n'a accordé d'action en réparation de préjudice à celui qui, par son fait, avait enrichi un tiers à ses dépens, lorsqu'il n'avait pas eu, en agissant, l'intention de se créer un droit à une indemnité.

La justification de cette règle se trouve dans des textes qui s'expriment avec la plus grande clarté : « Si in area tua ædificassem, et tu ædes possideres, *condictio locum non habebit, quum nullum negotium inter nos contraheretur* » (2). — « Paulus respondit, eum qui in alieno solo ædificium extruxerit, *non alias sumptus consequi posse*, quam si possideat..... *scilicet opposita doli mali exceptione.* » (3)

On le voit, dans ces fragments, Paul refuse nettement une action à celui qui se trouve privé d'une partie de son patrimoine par suite d'impenses ou d'accessions, et la décision qu'il donne n'est contredite par aucun texte du *Corpus juris.* (4) Aussi ces passages me semblent-ils justifier pleine-

---

(2) L. 33, D., *De cond. ind.*, 12, 6.

(3) L. 14, D., *De dolo mal. et met. except.*, 44, 4.

(4) La loi 23, § 5, *De rei vind.*, 6, 1, porte bien : « Ideoque, in omnibus his casibus, in quibus neque ad exhibendum, neque in rem locum habet, in factum actio necessaria est. » Mais la lecture de cette loi prouve que Paul n'y a examiné que les cas où l'accession a été opérée par un autre que celui qui en souffre. Les expressions *aliis juncta sive adjecta*, rapprochées du membre de phrase *vindicare non potest*, qui prépa-

ment la règle qui vient d'être posée ; et cela d'autant plus, que la raison donnée par le jurisconsulte pour refuser une action est, en quelque sorte, une raison de principe applicable à tous les cas analogues, et point du tout un motif particulier au cas qu'il relate. Il n'y a pas de condictio « *quia nullum negotium inter nos contraheretur.* »

Voilà donc toute une série de circonstances dans lesquelles une personne se sera enrichie notoirement aux dépens d'une autre, sans que l'on puisse, au moyen d'une action, lui réclamer la restitution de ce qu'elle a acquis, ou seulement une indemnité. N'est-ce pas une preuve certaine de ce que nous avancions dans notre introduction ; que la maxime *Nemo cum damno alterius locupletior fieri debet*, n'a jamais été une règle de droit positif, mais une sorte d'idéal que devait se proposer le législateur.

Maintenant comment comprendre que le Préteur, gardien de l'équité, n'ait pas comblé cette lacune,

rent la conclusion *Ideoque*, etc., ne laissent point de doute à cet égard.

La même observation s'applique à la loi 5, § 3, *eod.* où le mot *translata coaluit* ne pourrait se rapporter à une plantation effectuée par le propriétaire de l'arbre.

Cette observation fait disparaître la soi-disant contradiction que M. W. Sell (*Versuche im Gebiete des Civilrechts, Erst. Theil*, § 52, p. 135), relève entre les textes romains qui parlent des accessions et ceux qui s'occupent des impenses, et elle permet de repousser la théorie de cet auteur, d'après lequel les dispositions relatives aux impenses seraient des lois complétement exceptionnelles. —Cpr., Witte, *Die Bereicherungsklagen*, p. 4 et suiv.

et fait restituer un enrichissement acquis aux dépens d'autrui ? Cela s'explique par cette considération que le Préteur n'intervenait jamais qu'avec la plus grande réserve, et ne créait d'actions nouvelles que pour empêcher le droit d'être en opposition flagrante avec l'équité. Or tel n'est point le cas dans la situation qui nous occupe. Comment, en effet, celui qui est dessaisi d'une de ses valeurs a-t-il éprouvé cette perte ? Par un fait qui n'est imputable qu'à lui-même, et dont il aurait dû prévoir les conséquences. S'il ne l'a pas fait, il n'y a point d'iniquité flagrante à lui refuser une action dont son erreur ou son ignorance seule lui fait sentir le besoin. C'est sans doute là le point de vue qui aura empêché le Préteur de créer, pour l'hypothèse qui nous occupe, une action que ne donnait pas le droit civil.

<h2 style="text-align:center">§ 2.</h2>

Si l'auteur de l'accession ou des impenses se trouvait ainsi privé d'action, n'avait-il pas quelque autre moyen judiciaire d'échapper à la perte définitive d'une partie de son patrimoine ? À l'origine, il semble qu'il n'en ait eu aucun, au moins n'en trouvons-nous pas trace dans les textes. Mais bientôt le Préteur en donna un pour certains cas, ce fut l'*exceptio doli* déjà mentionnée dans l'un des passages cités plus haut : « Certe, si dominus soli petat ædificium, nec solvat pretium materiæ et mercedes fabrorum, poterit *per exceptionem doli mali* repelli. » (1) — « Ceterum, sicut is qui in alieno solo ædificavit, si ab eo dominus soli petat ædificium, defendi potest *per exceptionem doli mali, ita ejusdem exceptionis auxilio tutus esse poterit* qui in alienum fundum sua impensa consevit. » (2)

Cette exception permettait à l'ancien dominus de la valeur perdue par accession ou impenses, d'obtenir une indemnité de celui qui profitait de sa perte, en paralysant son action en revendication. Seulement, comme la possession de la chose sur laquelle les impenses avaient été effectuées, ou qui avait absorbé l'accessoire, était nécessaire à l'emploi de cette exception, elle était loin d'être utile dans tous les cas.

A quelle époque ce remède juridique fut-il introduit par le Préteur? Ce fut sans doute au temps de Cicéron, car c'est pendant sa vie que fut créée l'*exceptio doli* par **Aquilius** (3).

Quant à la raison qui détermina le Préteur à accorder ce moyen de défense dans un cas où il refusa toujours une action, voici celle que l'on peut supposer. Aussi longtemps que l'accroissement de patrimoine que nous avons signalé s'opérait sans action directe de celui au profit duquel

---

(1) L. 7, § 12, D., *De acq. rer. dom..* 41, 1.

(2) L. 9, pr., *eod.* Voir aussi, L. 9, § 1, *eod.*, § 30, 32, 33, 1., *De rer. div.*, 2, 1, L. 23, § 4, D., *De rei vind.*, 6, 1. L. 48, *eod.*

(3) Cicero, *De officiis*, III cap., 14.

il avait lieu, le Préteur pouvait se dispenser d'intervenir sans grande iniquité; mais lorsque cet accroissement était recherché par des moyens empruntés au droit civil, que sa réalisation complète était poursuivie par une *rei vindicatio*, alors le Préteur ne pouvait laisser faire de la loi un usage qui devait amener un résultat signalé comme peu équitable. Il ne pouvait permettre que l'*actio* devînt un moyen de s'enrichir aux dépens d'autrui, et c'est pour cela qu'il crut devoir intervenir, et créer un obstacle à pareil emploi de l'*actio*. C'est ce qu'il fit en accordant l'*exceptio doli* qui arrêtait le demandeur jusqu'après payement d'une indemnité. « Ideo autem hanc exceptionem prætor proposuit, ne *cui dolus suus per occasionem juris civilis contra naturalem æquitatem prosit* (4). »

L'indemnité que pouvait faire obtenir l'*exceptio doli* s'estimait d'après le bénéfice apporté au propriétaire de la chose principale par l'accession et les impenses, et non d'après la perte éprouvée par le défendeur. En effet, le dol consistant à revendiquer une chose augmentée de prix, sans vouloir indemniser celui qui, à son détriment, avait créé cette plus-value, il disparaissait aussitôt qu'une somme égale à l'augmentation de valeur était donnée au défendeur, et dès ce moment, rien ne devait plus s'opposer au libre exercice de la *rei vindicatio*.

Ce recours judiciaire était d'ailleurs le seul que

(4) L. 1, § 1, D., *De dol. mal. et met. except.*, 44, 4.

pût invoquer l'auteur de la transformation des patrimoines. Aussi. en résumant ce qui concerne notre première hypothèse, pouvons-nous dire que dans les circonstances qu'elle suppose, *celui qui se trouvait dessaisi d'une de ses valeurs, n'avait jamais, pour se faire indemniser, d'autre moyen que* l'exceptio doli, *moyen qui exigeait de sa part la possession de la chose sur laquelle avaient été faites les accessions ou les impenses* (5).

(5) La plupart des auteurs, sans donner de règle générale, admettent pour les cas particuliers les solutions que nous avons indiquées. Voyez en effet :

1° Accession d'une chose mobilière à un immeuble : Du Caurroy, *Institutes de Justinien*, I, § 372, 373. — Demangeat, *Cours élémentaire de droit romain*, I, p. 471, 473. — Mayuz, *Éléments de droit romain*, 1, § 189. — De Keller, *Pandekten*, § 139, p. 267. Ces auteurs refusent formellement l'*actio*, et n'admettent que la *doli exceptio*. D'autres la refusent implicitement en ne mentionnant que l'exception. Cpr. Mackeldey, *Lehrbuch des heutigen romischen Rechts*, II, § 250. — De Vangerow, *Lehrbuch der Pandekten*, I, § 329, A. 1. Voir cependant en sens contraire : Puchta, *Cursus der Institutionen*, II, § 242, p. 696. Puchta admet une *actio in factum*, mais il ne justifie son opinion que par les lois 23, § 5, D., *De rei vind.*, 6, 1, et L. 5, § 3, *eod.*, dont la portée a été expliquée.

2° Accession d'une chose mobilière à un meuble : Maynz, I, § 189, p. 459. — Thibaut, *System des Pandekten-Rechts*, § 595. — Mackeldey, II, § 250. — De Keller, § 146, 268. Ces auteurs refusent formellement l'*actio*. — Demangeat, I, p. 462 et 464, la refuse implicitement. En sens contraire : Lauterbach, *Collegium theoretico-practicum*, III, liv. 41, L. 1, § 101. Lauterbach admet une *ad exhibendum actio*, mais ne s'appuie que sur la loi 23, § 5, D., *De rei vind.*

3° Spécification. (Refus implicite d'action) : Demangeat, I, p. 460. — Maynz, I, § 186, p. 453. — Mackeldey, II, § 246, not. c.

4° Impenses. (Refus formel d'action) : Cujas, *Commentarii*

§ 3.

Avant de passer à l'examen de la seconde de nos hypothèses, il me reste à signaler un cas dans lequel la règle qui vient d'être posée semble recevoir une double exception, en ce que la personne qui est dessaisie d'une de ses valeurs peut obtenir une indemnité sans être en possession de la chose sur laquelle ont été faites les impenses ou les accessions; et que même, elle pourra quelquefois se faire attribuer ce dédommagement, au moyen d'une action. Ce cas est celui où les accessions, spécifications, ou impenses, ont été opérées, non sur une chose appartenant exclusivement à autrui, mais simplement commune entre un tiers et l'auteur de ces accessions (1).

« Impendia autem, quæ dum proprium meum fundum existimo feci, quæ scilicet si vindicaretur fundi pars per exceptionem doli retinere possem, an etiam si communi dividundo mecum agetur, æquitate ipsius judicii retinere possim, considerandum est? Quod quidem magis puto, quia bonæ fidei est communi dividundo (2)... »

Ici l'*actio communi dividundo* remplace l'*exceptio*

in librum xxi, *Pauli ad edictum* (ad. leg 27, § ult., *De rei vind.*). — Thibaut, § 569. — De Keller, § 152, n° 4, p. 287. — (Refus implicite): Maynz, I, § 206, p. 506.

(1) Ici la perte pour celui qui fait ces accessions ou impenses, consiste dans l'acquisition, par son copropriétaire, d'une portion de ces valeurs proportionnelle à sa part indivise.

(2) L. 14, § 1, D., *De conv. divid.*, 10, 3.

doli, car c'est une action de bonne foi, et « in bonæ
fidei judiciis exceptio doli inest (3). » Cet effet de
la *bonæ fidei actio* sera-t-il limité au cas où le défendeur posséderait la chose commune? En aucune
façon, car le juge jouit dans les actions de bonne
foi de la plus grande latitude pour faire prévaloir
l'équité (4). Nous voyons donc que par cette voie,
un auteur d'accessions ou d'impenses pourra
obtenir une indemnité sans être en possession.
Mais ce n'est là qu'une dérogation apparente à
notre règle, car si le juge accorde cette indemnité,
c'est en vertu des principes mêmes que nous avons
indiqués relativement à l'*exceptio doli ;* c'est pour
empêcher qu'une *actio*, la *communi dividundo*, ne
devienne un moyen de consacrer une acquisition
faite au détriment d'autrui. Le *judex* profite du caractère de *bonæ fidei* de l'action pour empêcher ce
résultat ; il fait son devoir de bon juge, et rend ainsi
l'intervention du Préteur inutile. Cette particularité de la *communi dividundo*, loin d'affaiblir les
principes posés plus haut, vient donc plutôt les
fortifier.

Il en est de même de la seconde des modifications que nous avons signalées. Examinons-là :

Un caractère saillant de la *communi dividundo
actio*, est d'être un *judicium duplex*, c'est-à-dire

(3) L. 21, D., *De solut. matrim.*, 24, 3.
(4) Le § 30, I., *De act.*, 4, 6, dit en effet des actions de bonne
foi : « In bonæ fidei judiciis *libera potestas* permittitur
judici.... »

üné de ces actions où les parties sont à la fois
défenderesses et demanderesses. Sans doute :
« magis placuit eum videri actorem qui ad judicium provocasset (5), » mais « qui.... communi
dividundo agunt, et actores sunt, et rei (6). » Lors
donc que l'auteur des accessions ou des impenses
introduit l'action *communi dividundo*, il est jusqu'à
un certain point virtuellement défendeur à une
action de son copropriétaire, ayant pour but de
lui réclamer sa part proportionnelle, part qui
comprendra une partie des accessions. Aussi le
juge, pour éviter que le communiste n'arrive par
cette voie judiciaire à s'enrichir aux dépens de son
copropriétaire, en acquérant définitivement cette
partie des accessions, devra-t-il accorder une indemnité à leur auteur. Et il pourra aisément le faire,
grâce au pouvoir que lui laisse le *judicium bonæ
fidei;* de sorte que l'auteur des accessions arrivera
à obtenir une indemnité de son copropriétaire en
introduisant l'action *communi dividundo*, c'est-à-
dire au moyen d'une action « Quæ quum ita
sint, rectissime dicitur etiam impendiorum nomine
utile *judicium dari debere mihi* in socium, etiam
manente communione (7)..... »

(5) L. 2, § 1, D., *De com. divid.*, 10, 3.
(6) L. 44, § 4, D., *De famil. ercisc.*, 10, 2.
(7) L. 14, § 1, D., *De com. divid.*, 10, 3. — Le « sed hoc ita
si mecum agatur » qui suit la phrase : « Quod quidem magis
puto, » citée plus haut, ne veut pas dire *si je suis défendeur,*
mais si, comme communiste, *je suis partie* à une action en
partage. Ce qui le prouve, c'est que le rédacteur du passage

Une action servant à se faire indemniser de la perte d'une valeur, cela semble formellement contraire à notre règle; cependant il n'en est rien. La *communi dividundo* n'a point du tout, en effet, pour but direct d'obtenir une réparation du préjudice éprouvé par suite de la perte des impenses ou des accessions; elle est intentée pour arriver au partage de la chose commune, et si la réparation y est accordée, ce n'est que *officio judicis*, et pour empêcher un résultat que réprouve l'équité.

L'action ne conduit donc que très-indirectement à l'indemnité, et par suite d'une application nécessaire du principe sur lequel repose la délivrance de l'*exceptio doli*. Aussi avons-nous le droit de dire que cette particularité de la *communi dividundo* vient, comme la première, plutôt confirmer que contredire les solutions que nous avons admises (8).

oppose à cette hypothèse *si mecum agatur*, non le cas où j'aurais introduit l'action (*si ego agam*), mais celui où j'aurais vendu ma part indivise à un tiers, et où par conséquent ce tiers pourrait seul figurer dans la *communi dividundo* (*ceterum si alienavero...*).

(8) Peut-on combattre l'interprétation que nous avons donnée de la loi 14 *com. divid.*, en soutenant que la loi 29 pr. du même titre refuse à la *communi dividundo* le pouvoir de faire indemniser celui qui a effectué des impenses sur une chose commune, dans la pensée erronée qu'elle lui appartenait exclusivement? Si tel était le sens du *proœmium* de la loi 29, il viendrait à l'encontre de ce que nous avons dit. Mais voici ce que porte ce passage : « Diversa causa est ejus qui putat se in rem propriam impendere quum sit communis; huic enim *nec*

Les deux modifications apparentes de notre.
règle générale n'étant, ainsi qu'on l'a vu, qu'une
conséquence du caractère spécial de l'action *communi dividundo*, ne pourront plus se rencontrer,
dès que cette action ne sera plus recevable. C'est
ce qui arrivera, lorsque l'indivision aura cessé ;
on retombera alors dans les circonstances ordinaires, et notre règle reprendra toute sa force (9).

Tout ce que nous venons de dire de la *communi*

communi dividundo judicium competit, *nec utile* dandum est. »
Or à quelle situation le rédacteur de ce passage fait-il allusion ?
A un moment où l'indivision n'existe plus. Il parle en effet
d'une action utile en l'opposant à la *communi dividundo*, et
cette opposition prouve, à n'en pas douter, qu'il ne veut pas
comme le fait la loi 14 désigner par le mot utile une action
efficace, mais qu'il entend donner au mot son sens technique.
Or pour qu'il puisse être question d'une action utile ainsi
comprise, il faut que la communauté ait cessé d'exister. (Voir
en effet, L. 6, § 1 ; L. 11, *eod.* — Le mot utile du pr., L. 6, qui
n'aurait pas ce sens, n'est pas dans toutes les éditions du Digeste. V. Haloander). Ce passage ne vient donc pas contredire
notre explication de la loi 14. Il serait d'ailleurs étonnant que
ces deux textes, loi 14 et loi 29, continssent des dispositions
opposées, car ils sont tous deux de Paul. Nous aurons à revenir sur ces deux lois au chapitre suivant, et nous y achèverons l'explication du § 1 de la loi 14 et du *proœmium* de la
loi 29.

(9) Paul le reconnaît bien à la loi 14, D., *De com. divid.*
Toutes les règles qu'il formule au commencement de ce fragment ne doivent s'appliquer qu'au cas où l'indivision subsiste.
Le jurisconsulte l'indique d'une manière parfaitement claire
par les expressions *manente rei communione*, ainsi que par les
mots de la phrase précédente qui parle d'un cas où l'indivision n'existe plus, *non erit nunc retinere possim*. Cette observation fait voir avec plus de force que la loi 29, loin d'être en
opposition avec la loi 14, concorde parfaitement avec cette
dernière.

dividundo doit être étendu à la *familiæ erciscundæ actio.* Ces deux actions ont en effet la plus grande analogie, et ne se distinguent guère que par l'objet auquel elles s'appliquent (10). Si je me suis occupé spécialement de l'action *communi dividundo,* c'est qu'elle est d'une application plus générale que la *familiæ erciscundæ* (11).

CHAPITRE III.

Actions applicables à la gestion d'affaires et à l'accession, lorsque celui qui a procuré l'accroissement de patrimoine a eu, en agissant, l'intention d'obtenir une indemnité. — *Actio negotiorum gestorum contraria.* — *Actiones communi dividundo, familiæ erciscundæ utiles.*

§ 1.

Passons maintenant à l'examen de notre seconde hypothèse, de celle où l'auteur de l'accroissement

(10) Les textes assimilent constamment ces deux actions, § 4, 5, I,, *De off. jud.*, 4, 17, § 3, 4, I.. *De oblig. quæ quasi ex contract. nasc.*, 3, 27. L. 44, § 4, D., *Famil. ercisc.*, 10, 2. L. 2, § 1, *Com. divid.*, 10, 3.

(11) La plupart des commentateurs reconnaissent que dans les actions *communi dividundo* et *familiæ erciscundæ*, il doit être accordé pour les impenses faites une indemnité à leur auteur, sans s'occuper spécialement du cas où il a cru être seul propriétaire. Voyez cependant : Unterholzner, *Lehre des romischen Rechts von den Schuldverhaltnissen*, II, § 529, p. 395. Cet auteur admet les solutions que nous avons énoncées. — Lauterbach, *op. cit.*, I, liv. 10, tit. 3, § 13, s'appuie sur la loi 29, *Com. divid.*, pour soutenir que la *communi dividundo actio* ne peut faire recouvrer les impenses après la perte de la possession. Mais il laisse inexpliquée l'antinomie de la loi 29 ainsi entendue avec la loi 14, § 1.

de patrimoine a eu l'intention de se créer un droit
à une indemnité.

Quel a été, en droit romain, l'effet de cet *animus obligandi*, soit en matière d'accessions ou d'impenses, soit en matière de payement de dette d'un tiers ? Donna-t-il toujours naissance à une action en restitution de l'accroissement de patrimoine, ou en indemnité ? Pour les premiers temps du droit romain il semble que la réponse doive être négative, car cette intention unilatérale d'obliger ne constituait pas un *negotium* de la nature de ceux qui donnaient ouverture à une action civile. Plus tard il en fut autrement, et l'*animus obligandi* permit à celui qui en avait été inspiré en agissant, de se faire indemniser au moyen d'une action. Cette action fut la *negotiorum gestorum contraria*. Voici comment elle fut introduite dans la législation.

Dans un intérêt public, il parut nécessaire au Préteur d'engager les citoyens à s'occuper des affaires des absents, par conséquent, à faire des impenses sur leurs propriétés, à acquitter leurs dettes, etc. Mais, pour arriver à ce résultat, il dut chercher à garantir de toute perte ceux qui géreraient ainsi la fortune des absents, alors du moins que leur gestion aurait été conforme aux intérêts du *negotiorum dominus*. C'est dans ce but qu'il supposa une sorte de mandat ou de ratification de la part du *dominus*, chaque fois que ses affaires avaient été gérées utilement : « Quod utiliter gestum est, necesse est *apud judicem pro rato haberi* (1). » Puis, comme conséquence de cette sorte de contrat, il créa une action, la *negotiorum gestorum contraria*, qui donna au gérant ayant éprouvé une perte la faculté d'obtenir une indemnité (2). « Idque utilitatis causa receptum est, ne absentium qui subita festinatione coacti, nulli demandata negotiorum gestorum administratione, desererentur *negotia; quæ sane nemo curaturus esset, si de eo quod quis impendisset, nullam habiturus esset actionem* (3). »

Cette action prit peu à peu de l'extension (4), et s'appliqua non plus seulement à la gestion des biens de personnes absentes, mais à toute gestion utilement faite. Le Préteur favorisa ce développement, car, bien que la *negotiorum gestorum contraria* ne dût pas son origine directe à la maxime *nemo cum alterius damno locupletior fieri debet*, elle répondait parfaitement à cette règle d'équité. « Ita ex diverso, » dit Gaius, « *justum est,* si utiliter gessit, præstari *ei quidquid eo nomine vel abest ei, vel abfuturum est* (5). »

Bientôt même cette institution passa dans le *jus*

(1) L. 9, D., *De neg. gest.*, 3, 5.

(2) De son côté le *dominus negotiorum* avait une action, la *directa negotiorum gestorum*, pour se préserver des conséquences d'une mauvaise gestion. Elle ne doit pas nous occuper ici.

(3) § 1, I., *De oblig. quæ quasi ex cont. nasc.*, 3, 27, Cpr. L. 1, D., *De neg. gest.*, 3, 5.; L. 5, pr., *in fine*, D., *De ob. et act.*, 44, 7.

(4) Les textes ne laissent point préjuger le moment où la *negotiorum gestorum* fut introduite dans la législation.

(5) L. 2, D., *De neg. gest.*, 3, 5.

civile sous l'influence des prudents ou de la coutume, et devint une action civile (6). Ainsi développée, elle donna à celui qui avait, par l'un des moyens indiqués, accru le patrimoine d'un tiers à ses dépens, la possibilité d'obtenir une indemnité. En effet, l'accroissement de patrimoine qu'il avait procuré, constituant toujours de sa part une gestion utile, il pouvait intenter la *negotiorum gestorum contraria*, et recouvrer par cette voie les dépenses qu'il avait faites (7), et souvent même des intérêts (8).

Ces observations permettent de formuler, pour notre seconde hypothèse, la règle générale suivante : *Dès une époque sans doute fort antérieure au temps des jurisconsultes classiques, le droit romain accorda une action en indemnité à celui qui, par son fait, avait enrichi un tiers à ses dépens, lorsqu'il avait eu, en agissant, l'intention de se créer un droit à une indemnité.*

Nous avons dit que la règle d'équité : *Nemo cum alterius damno locupletior fieri debet* exerça une grande influence sur le développement de l'action *negotiorum gestorum contraria.* Cette influence pourrait même faire supposer que l'action repose uni-

---

(6) L'*actio negotiorum gestorum* est généralement classée parmi les actions civiles. Mais il est probable qu'elle dut sa création au Préteur. Ce qui prouve cette origine, c'est d'abord son caractère d'action de bonne foi, et surtout les expressions *Hoc edictum...* de la loi 1, § 1, *De neg. gest.*, 3, 5, et *hoc judicium dabo* de la loi 3 pr., *eod.*

(7) L. 10 pr., D., *De neg. gest.*, 3, 5.

(8) L. 19, § 4, D., *De neg. gest.*, 3, 5; L. 37, D., *De usuris*, 22, 1.

quement sur cette maxime; mais l'historique de
la *negotiorum gestorum actio* est contraire à une pareille supposition. Elle est contredite également
par ce fait, que l'action se donne dans des cas où
l'utilité primitive de la gestion ayant disparu, il
n'y a plus une personne *enrichie* aux dépens d'une
autre (9), et enfin, par cette considération que l'on
ne peut intenter cette action que lorsque l'on a eu
l'intention de se créer un droit à une indemnité,
lorsque l'on a agi avec l'*animus obligandi.*

Arrêtons-nous un instant sur cet *animus obligandi.* Qu'il fût une condition indispensable à
l'exercice de la *negotiorum gestorum contraria*, cela
ne saurait être douteux (10). Tout ce que nous avons
dit au chapitre précédent en prouve la nécessité,
et elle se trouve également attestée par une phrase
de Paul qui, dans une loi qui nous a déjà occupé
et sur laquelle nous aurons à revenir plus loin,
dit de la façon la plus formelle : « Tantum retentionem habeo, *quia neminem mihi obligare volui.* »

Seulement le Préteur fut très-large dans sa manière d'apprécier cet *animus obligandi*, et il finit
par admettre que, pour exercer l'action, il suffisait
d'avoir eu l'intention de se créer une obligation

(9) L. 10, § 1; L. 12, § 2; L. 22; L. 31, pr., D., *De neg. gest.,*
3, 5.

(10) La plupart des commentateurs reconnaissent que l'*animus obligandi* doit avoir existé chez celui qui veut introduire
une *negotiorum contraria*, Cpr. De Savigny, *System des heutigen romischen Rechts*, IV, § 158, p. 131. — De Vangerow,
Lehrbuch der Pandekten, III, § 664, p. 520, not. 2. — Maynz,
Éléments du droit romain, II, § 356, p. 411.

contre le *dominus negotiorum*, alors même que l'on se serait trompé sur la personnalité de ce *dominus*. Je crois gérer l'affaire de Titius et veux l'obliger ; c'est, en réalité, celle de Sempronius que je gère. Cette erreur ne me privera pas du droit d'agir par l'action *negotiorum contraria*, si ma gestion a été utile ; seulement, je devrai naturellement introduire l'action, non contre Titius, mais contre Sempronius, qui a profité de mes actes (11). Cette manière large de comprendre l'*animus obligandi* est due sans doute à l'influence que nous avons déjà signalée de la règle *nemo cum damno alterius locupletior fieri debet* sur le développement de l'action (12), influence qui, cependant, ne fut jamais assez puissante pour faire supprimer complétement la condition de l'*animus obligandi*.

§ 2.

Nous venons de voir comment celui qui, par suite d'accessions, d'impenses, de libération de dette avait accru le patrimoine d'autrui, arrivait à se faire indemniser au moyen de la *negotiorum gestorum contraria*. Cette action n'était pas toujours la seule par laquelle il pût atteindre ce résultat.

(11) L. 5, § 1 ; L. 6, § 8, D., *De neg. gest.*, 3, 5.
(12) Ulpien dit en effet dans une espèce analogue à celle que nous venons de rapporter : « *Quia æquum eum est in damno non versari*, actione negotiorum gestorum id cum petere placuit. » (L. 45, § 2, D., *De neg. gest.*, 3, 5.)

Dans deux cas particuliers, lorsque la gestion avait porté sur des biens indivis ou sur une hérédité commune entre l'auteur des impenses ou des payements et d'autres personnes, il pouvait se faire rembourser au moyen d'une *actio communi dividundo* ou *familiæ erciscundæ utilis*.

Ici quelques explications sont nécessaires.

Le chapitre précédent nous a montré la *communi dividundo* et la *familiæ erciscundæ actio* venant au secours de la personne qui avait enrichi ses copropriétaires ou ses cohéritiers à ses dépens, et lui permettant d'en obtenir une réparation, alors même *qu'elle n'avait pas eu à l'origine l'intention de se créer un recours contre eux*. Cet effet des deux actions en partage est applicable *à fortiori* à l'hypothèse que nous examinons au présent chapitre; il est certain, en effet, que le juge devra allouer une indemnité encore bien plus nécessairement au gérant d'affaires qui aura par des déboursés volontaires enrichi les copartageants qu'à celui qui, par erreur ou ignorance, aura augmenté à ses dépens leurs parts indivises. Aussi n'avons-nous pas à nous occuper de cette application de la *communi dividundo* et de la *familiæ erciscundæ*; elle se déduit forcément des explications que nous avons données au chapitre II.

L'observation que nous venons de faire permet de voir que la *communi dividundo* ou la *familiæ erciscundæ* pouvait dans certaines circonstances conduire au même résultat que la *negotiorum gesto-*

rum contraria. Cette analogie fortuite de l'effet de ces actions amena sans doute le législateur à assimiler jusqu'à un certain point la *communi dividundo* ou la *familiæ erciscundæ* à la *negotiorum gestorum contraria*, et à permettre d'obtenir par ces actions une indemnité pour gestion dans des cas où leur caractère d'actions de bonne foi n'aurait pas été suffisant pour en faire adjuger, mais où on aurait pu en obtenir une par la *negotiorum gestorum contraria;* si, par exemple, une gestion utile à l'origine n'avait laissé aucune augmentation de valeur de la chose commune au moment du partage. Nous voyons, en effet, plusieurs exemples de cette assimilation dans des textes qui semblent ranger exactement sur la même ligne la *negotiorum contraria* et la *communi dividundo*, et laissent le choix entre les deux actions : « Sive pro fratre coherede pecuniam solvisti, negotiorum gestorum actione experiri potes.... *actionem eamdem habebis,* vel *judicio familiæ erciscundæ*, si non inter vos redditum, eam quantitatem assequeris (1). »

Il y eut cependant une limitation apportée à cette assimilation des actions en partage avec la *negotiorum gestorum contraria*. L'extension donnée aux premières ne porta jamais que sur des cas où

(1) C. 3, C., *De neg. gest.*, 2, 19. — Voir aussi, C. 18, § 1, C., *De famil. ercisc.*, 3, 36; L. 18, § 7, D., *famil. ercisc.*, 10, 2; L. 6, § 11, D., *De com. divid.*, 10, 3. — On ne peut arguer contre cette faculté d'option entre les actions, de la loi 25, § 16, D., *De famil. ercisc.*, 10, 2, car si, dans ce texte, la *negotiorum* est refusée, c'est que la gestion n'a pas été utile.

des actes nécessaires à l'administration de sa part indivise avaient entraîné l'un des communistes à gérer l'affaire de ses cohéritiers ou copropriétaires. S'il lui avait été possible de séparer l'administration de sa portion de celles des autres communistes, et qu'il ne l'eût point fait, il n'aurait plus contre ces derniers pour recouvrer ses déboursés que la *negotiorum contraria*, et non la *communi dividundo*, ou la *familiæ erciscundæ*. Un exemple fera mieux saisir la portée de cette distinction. A fait réparer les gros murs d'une maison dont il est propriétaire par indivis avec B et C. Cet acte d'administration de sa part emportant nécessairement gestion des parts de B et C, il pourra se faire allouer une indemnité de ces derniers par une *communi dividundo* ou par une *negotiorum contraria*. Au contraire A. B. C. sont copropriétaires d'une maison qui menace ruine. A fournit toute la *cautio damni infecti;* comme il en devait seulement une partie, il n'aura contre B et C que la *negotiorum contraria*. Les textes restreignent formellement à ces circonstances l'effet des actions en partage au point de vue qui nous intéresse.

« Ceterum non alias communi dividundo judicio locus erit, ut et Papinianus scribit, nisi id demum gessit, sine quo partem suam recte administrare non potuit, *alioquin si potuit*, habet negotiorum gestorum actionem eaque tenetur (2). »

(2) L. 6, § 2, *in fin.*, D., *Com. divid.*, 10, 3, Cpr.; L. 40, D.,

Ce que je viens de dire ne semble pas avoir d'intérêt direct pour notre matière, où nous supposons une valeur qui, étant sortie du patrimoine
d'un propriétaire, augmente le patrimoine de son
copropriétaire, et où, par conséquent, la *communi
dividundo* peut toujours *æquitate judicii* faire obtenir une indemnité ; mais voici où cet intérêt va se
révéler.

Lorsque l'indivision a cessé, le communiste aura
toujours à sa disposition la *negotiorum contraria*,
mais il aura de plus quelquefois pour recouvrer
ses impenses une *communi dividundo* ou une *familiæ erciscundæ utile.* Dans quelles circonstances
pourra-t-il faire usage de cette action ? C'est précisément lorsqu'il remplira les conditions qui
eussent été nécessaires pour se faire indemniser
par la *communi dividundo* ou la *familiæ erciscundæ* directe pendant l'indivision, en supposant
qu'il ne fût point resté d'accroissement de patrimoine provenant de la gestion. L'on comprend dès
lors pourquoi il a été nécessaire d'indiquer ces
conditions.

« Quare, et si fundum Titius alienaverit, licet
hic communi dividundo judicio locus non sit, quia
a communione discessum est, *utili tamen locum*

De neg. gest., 3, 5 ; L. 18, § 6 ; L. 25, § 15, D., *Fam. ercisc.*, 10,
2. — Voir dans le même sens qu'au texte : Demangeat, *Cours
élémentaire de droit romain*, II, p. 363. — Thibaut, *System*,
§ 575. — Unterholzner, *Lehre von den Schuldverhältnissen*, I,
§ 529, p. 395.

futurum, quod datur de præstationibus quoties communis esse desiit (3). »

La *communi dividundo* ou la *familiæ erciscundæ utile*, est donc une action permettant à celui qui, avec *animus obligandi*, a augmenté le patrimoine d'un des communistes, en diminuant le sien propre, d'obtenir une réparation de la part de ce copropriétaire.

L'*animus obligandi* s'apprécie d'ailleurs dans les actions en partage comme dans la *negotiorum contraria ;* les conditions requises pour les deux actions sont en effet les mêmes, sauf la restriction que nous avons signalée quant à la nature de l'acte de gestion. Aussi la *familiæ erciscundæ* ou la *communi dividundo* sera recevable, lorsque l'auteur des impenses ou des paiements, tout en voulant se créer une action contre son copropriétaire, aurait fait erreur sur sa personne. « At quum puto rem Titii esse, quæ sit Mævii, aut esse mihi *communem cum alio quam est*, id ago ut alium mihi obligem ; et sicut negotiorum gestorum actio datur adversus eum cujus negotia curavi, quum putarem alterius ea esse, *ita et in proposito*. Igitur, et si abalienavero prædium, quia in ea causa fuit ut mihi actio dari deberet, danda mihi erit, ut Julianus quoque scribit, negotiorum gestorum actio. (4)

(3) L. 6, § 1, D., *De com. div.*, 10, 3, Cpr.; L. 11, *eod.*
(4) L. 14, § 1, *in fin.*, D., *Com. div.*, 10, 3. Ce qui explique que Paul à la fin de cette phrase ne mentionne que la *negotiorum gestorum* et non la *communi dividundo utile*, c'est qu'il a

— « Si quis existimaret *fundum communem sibi cum Mævio esse*, quem cum Titio communem habebat impendisset, recte dicitur etiam communi dividundo judicium ei sufficere..... (5) » On le

en vue l'action directement destinée à obtenir une indemnité pour impenses faites, action qui est la *negotiorum gestorum contraria*. Peut-être aussi a-t-il voulu éviter toute équivoque, et ne point parler de la *communi dividundo*, comme dans la première partie du passage il avait dit, ainsi que nous l'avons vu au chapitre précédent, que cette action pouvait servir à obtenir une indemnité alors même que l'auteur des impenses auráit crû être seul propriétaire de la chose sur laquelle elles avaient été effectuées. Rien ne saurait faire croire que le jurisconsulte ait voulu, par son silence, refuser la *communi dividundo* applicable d'après les lois 6, § 1 et 11, *Com. divid.*, 10, 3, au cas dont il parle.

(5) L. 29, pr., D., *De com. divid.*, 10, 3. L'action dont il s'agit dans ce passage est la *communi dividundo utile*. En effet, l'imparfait *habebat* prouve que le jurisconsulte fait allusion à un moment où l'indivision n'existe plus. L'omission du mot *utile* ne doit point nous étonner, avec les habitudes de langage des jurisconsultes romains. Paul aura pensé que le doute sur la nature de l'action n'était pas possible en présence de l'imparfait *habebat* et de la phrase de la suite du texte : *Diversa causa est ejus qui putat...*, que nous avons déjà expliquée (ch. II, § 3, not. 8), et il aura négligé le mot *utile*.

Quant à l'objection tirée de ce que le jurisconsulte, au milieu du texte, dit : *Denique ea actione pupillum teneri dicimus... ex officio judicis*, ce qui prouverait qu'il s'agit d'une action directe et non d'une action utile pour laquelle on ne comprendrait pas cet *officium judicis*, elle se réfute par cette considération que cette phrase n'a absolument pour but que d'établir avec plus de force que l'obligation de restituer les impenses naît *ex re*.

Cette interprétation de la loi 29 pr., *Com. divid.*, permet d'écarter toute contradiction entre ce texte et a loi 14, § 1, *eod.* Elle vient pleinement confirmer, d'un autre côté, les règles que nous avons admises. (Voir dans le même sens Unterholzner, II, § 529, p. 396. — Witte, p. 15 et suivantes.)

voit, les dispositions relatives à la condition d'un *animus obligandi* sont identiques pour la *negotiorum contraria* et pour les deux actions en partage qui nous occupent.

A quelle preuve la nécessité de cette condition soumettait-elle le demandeur dans ces trois actions? Elle n'a jamais dû être très-rigoureuse. Comme une intention ne peut pas se prouver directement, et que l'erreur ou l'*animus donandi* ne doivent pas aisément se présumer, l'*animus obligandi* était sans doute suffisamment établi en justice, lorsque celui qui agissait par *negotiorum contraria* ou par *communi dividundo* avait prouvé que l'affaire qu'il avait gérée était bien un *negotium alienum*. Cette preuve faite, le juge devait présumer que le demandeur avait eu en s'occupant de ce *negotium alienum*, l'intention de se créer un droit à une indemnité. Naturellement le défendeur pouvait combattre cette présomption en apportant la preuve de faits de nature à établir que l'intention supposée chez le gestor, ne l'avait point animé en réalité; qu'il s'était figuré gérer sa propre chose; ou bien, qu'il avait eu l'*animus donandi ;* ou enfin qu'il n'était qu'un *malæ fidei possessor* (6) ayant agi uniquement

____

(6) Le *malæ fidei possessor* détient la chose d'autrui avec la ferme intention de ne pas la rendre. Les impenses qu'il fera ne pourront donc jamais être effectuées avec *animus obligandi*, ni par conséquent créer au profit de leur auteur une *negotiorum contraria*. — Comment concilier cette solution avec la loi 6, § 3, *De neg. gest.*, 3, 5, qui porte : « Si quis mea negotia gessit, non mei contemplatione, sed sui lucri causa, Labeo

dans son intérêt. Le défendeur n'apportait-il pas une pareille preuve, l'action était recevable, au moins sous le rapport de l'*animus* à exiger du demandeur.

Si nous nous sommes étendu avec quelque détail sur cet *animus obligandi,* c'est que la nécessité de son existence chez le demandeur est une preuve manifeste de ce fait que les trois actions,

scripsit suum eum potius quam meum negotium gessisse..... Si circa res meas aliquid impenderit, non in id quod ei abest quia improbe ad mea negotia accessit, sed in id quod locupletior factus sum *habet contra me actionem.* » Julien, dans ce texte, n'accorde-t-il pas formellement une action au possesseur de mauvaise foi ? Au premier abord il semble qu'il en est ainsi ; mais en examinant le texte de plus près, on voit que le jurisconsulte y parle d'un *malæ fidei gestor* qu'il faut se garder de confondre avec le *malæ fidei possessor.*

Le premier, en effet, gère bien avec l'intention de retirer un gain personnel de sa gestion, mais aussi avec la pensée d'obliger le *dominus negotiorum;* cette idée de lucre constitue sa mauvaise foi et, pour l'en punir, on réduit son action à l'enrichissement réel qui en est arrivé au *dominus,* tandis qu'ordinairement l'action doit faire tenir compte au gérant de toute sa dépense. Mais cette mauvaise foi n'écarte pas l'*animus obligandi,* ce qui eût rendu l'action impossible. Le *malæ fidei possessor,* au contraire, a la ferme intention de ne jamais rendre les choses qu'il possède et ne peut, en les administrant, avoir d'*animus obligandi.* Aussi n'a-t-il qu'un droit de rétention et pas d'action ; encore ce droit ne s'applique-t-il qu'aux impenses nécessaires. C'est d'ailleurs ce que dit formellement la constitution 5, C., *De rei vind.,* 3, 32. « Quum malæ fidei possessores ejus quod in rem alienam impendunt, non eorum negotiorum gerentes, quorum res est, nullam habeant repetitionem, nisi necessarios sumptus fecerunt... » La phrase suivante ,dans laquelle le texte ne donne pour les impenses utiles que le droit de les enlever, montre que le mot *repetitionem* désigne ici l'indemnité obtenue non par une action, mais par une rétention.

negotiorum gestorum, familiæ erciscundæ utilis, communi dividundo utilis n'ont pas été créées pour sanctionner la règle d'équité : *Nemo cum damno alterius locupletior fieri debet,* et que ce n'est, en quelque sorte, qu'accidentellement qu'elles sont venues donner appui à ce grand principe de justice. Nous avons vu d'ailleurs que les textes relatifs à l'origine de la *negotiorum gestorum actio* viennent pleinement confirmer cette proposition.

§ 3.

Nous allons maintenant examiner deux cas remarquables dans lesquels il est formellement dérogé au principe qui demande chez le gérant d'affaires l'*animus obligandi*, pour pouvoir exercer la *negotiorum contraria*, ou l'une des actions utiles qui ont été signalées, et rechercher les motifs de ces deux exceptions.

La première se présente lorsqu'une personne a géré les affaires d'une autre personne dont elle se croyait esclave ; la seconde a lieu dans certains cas d'administration d'une hérédité par le possesseur de bonne foi de cette succession.

I. Celui qui se croit esclave d'une personne, ne peut avoir l'intention de se créer contre elle un droit d'obligation, car tout ce que l'esclave acquiert est pour son maître (1). Aussi l'affaire gérée dans

____

(1) § 3, 1., *Per quas personas nob. acq.,* 2, 9.

ces conditions exclut-elle chez celui qui s'en est chargé l'*animus obligandi*. Cependant nous voyons qu'après la découverte de son erreur le droit romain lui accorde, pour se couvrir des frais que lui a occasionnés sa gestion, une *negotiorum gestorum contraria*. « Si liber homo bona fide mihi serviens mutuam pecuniam sumpserit, eamque in rem meam verterit, qua actione id quod in rem nostram vertit reddere debeam, videndum est : non enim quasi amici, sed quasi domini negotium gessit. Sed *negotiorum gestorum actio* danda est : quæ desinit competere si creditori ejus soluta est (2). »

Quel a été le motif de cette exception à la règle générale ? C'est sans doute qu'il aura paru équitable d'accorder une protection à celui qui n'avait agi ni dans son intérêt personnel ni *animo donandi*, d'autant plus que cette protection empêchait celui qu'il avait considéré comme son maître de s'enrichir à ses dépens. Ici encore la maxime d'équité formulée par Pomponius fait sentir son influence sur le développement de l'*actio negotiorum gestorum contraria*.

II. La seconde exception est d'une application plus générale. Elle peut se formuler ainsi : Chaque fois qu'un *bonæ fidei possessor hereditatis* a fait un *negotium* dont l'accomplissement eût incombé au véritable héritier, il a contre lui l'*actio negotiorum gestorum contraria*.

C'est sans doute sous Adrien, par le sénatus-

_____

(2) L. 36, D., *De neg. gest.*, 3, 5.

consulte juventien que fut introduite cette modification à la règle ordinaire; en effet, Ulpien nous
dit : « Consuluit senatus bonæ fidei possessoribus
ne in totum damno afficiantur... (3) » Comme le
sénatus-consulte édictait plusieurs dispositions en
faveur de l'héritier réel (4), il parut injuste de
laisser le possesseur de bonne foi dans une situation trop défavorable, et voilà pourquoi on lui
accorda une *negotiorum contraria* qui lui eût été
refusée en droit strict. Le motif direct de la création de cette exception fut donc le désir d'égaliser
jusqu'à un certain point la position du *bonæ fidei
possessor* avec celle que le sénatus-consulte créait
à l'héritier.

Dans quelle limite cette extension de la *negotiorum contraria* fut-elle autorisée? Nous l'avons
dit, dans les cas seulement où un *negotium necessarium* aurait été accompli par le *bonæ fidei possessor* à la décharge de l'héritier. Voici ce que nous
dit Africain, à cet égard, à la loi 49 *in fine*, D., *De
neg. gest.* : « Sicut ex contrario in me tibi dare-
tur, si quum hereditatem quæ ad me pertinet
tuum putares, res tuas proprias legatas solvisses,
quandoque de ea liberarer (5). » Comme le paye-

---

(3) L. 25, § 11, *De hered. pet.*, 5, 3. Cpr. L. 20, § 6, *eod,*

(4) Notamment, la faculté de garder pour l'hérédité les
choses acquises par le *bonæ fidei possessor* de ses propres deniers en lui remboursant simplement le prix d'achat, et inversement, de n'être tenu de garder les acquisitions faites des
fonds de l'hérédité que lorsqu'elles lui avaient été utiles (L. 20,
pr., et § 1, D., *De hered. pet.*, 5, 3.; L. 28, *eod.*)

(5) Il s'agit bien ici d'une *negotiorum contraria.* La première
artie du texte ne peut laisser de doute à cet égard.

ment des legs est pour l'héritier une obligation à
laquelle il ne peut se soustraire, c'est bien d'un
negotium necessarium que le possesseur de bonne
foi l'aura affranchi en désintéressant les légataires.
Mais ici se présente une difficulté. Nous avons vu
que la personne qui acquitte la dette d'un tiers ne
libérait pas ce débiteur quand elle pensait être
tenue elle-même de la dette (6). Comment donc le
bonæ fidei possessor, qui se croyait forcé d'acquitter
les legs, a-t-il pu, en les payant, libérer l'héritier? On peut se l'expliquer ainsi : le possesseur a
payé par erreur aux légataires une chose qu'il ne
leur devait point, il a donc contre eux une *condictio indebiti* (7); en la cédant à l'héritier il lui pro-
curera une *exceptio doli* (8) contre les légataires, et
par conséquent le libérera vis-à-vis d'eux en vertu
de la règle formulée à la loi 66, D. *De R. J.*, 50. 17,
qui porte que celui-là est libéré d'une obligation,
qui a pour se défendre une *justa exceptio* (9). C'est
donc par une cession fictive d'action opérée lors de
la restitution de l'hérédité, que le possesseur déga-
gera l'héritier de la nécessité de payer les legs,
et qu'il arrivera à le décharger d'un *negotium necessarium* (10).

(6) Voir le texte cité à la note 1, § 1, ch. II.
(7) § 6, I., *De oblig. q. quas. ex cont. nasc.*, 3, 27.
(8) « Nam dolo facit qui petit quod redditurus est. » (L. 173
§ 3, D., *De R. J.*, 50, 17.)
(9) Voir également, L. 112. D., *De R. J.*, 50, 17.
(10) Ce qui prouve bien que la libération résulte d'une cession d'action, c'est que dans le cas où pareille cession est im-

Nous trouvons dans plusieurs autres textes des applications de notre seconde exception. Voici ce que porte la loi 50, § 1, *De hered. pet.*, 5, 3 : « Si defuncto monumentum conditionis implendæ gratia, bonæ fidei possessor fecerit ; potest dici, quia voluntas defuncti in hoc servanda est, utique si probabilem modum faciendi monumenti sumptus,

possible, les textes demandent que le possesseur garantisse par une caution l'héritier contre les réclamations des créanciers payés. C'est ce qui aura lieu, par exemple, si le possesseur a été de mauvaise foi : « Et videtur mihi Julianus de solo prædone, ut caveat, sensisse, non etiam de bonæ fidei possessore. » (L. 31, pr., D., *De hered. pet.*, 5, 3.) Dans ce cas, le possesseur n'ayant pas lui-même de *condictio indebiti* la cession en sera impossible. La nécessité de cette caution ne saurait s'expliquer autrement que par le motif que je viens de donner. En effet, si le payement fait à ses créanciers par le possesseur d'une hérédité libérait purement et simplement l'héritier, on ne comprendrait pas que celui-ci eût pu contraindre le possesseur à lui fournir une caution. S'il lui avait réclamé quelque chose au sujet d'une obligation dont il n'aurait plus rien eu à redouter, il aurait agi *dolo*, et ses prétentions auraient été repoussées par l'*exceptio doli*. (V. dans le même sens, Witte, *Die Bereicherungsklagen*, p. 30.)

De Vangerow, *Lehrbuch*, III, § 664, p. 521, donne une autre explication au passage cité au texte, « *Sicut ex contrario*, etc. » D'après cet auteur, la libération viendrait de ce que le possesseur a acquitté un legs dont l'objet consistait en une *species* lui appartenant. La remise de cette *species* affranchira nécessairement l'héritier de l'obligation de la délivrer. Mais cette solution est en contradiction formelle avec les lois 19, § 1, D., *De cond. ind.*, 12, 6, et 38, § 2, *De solut.*, 46, 3, qui accordent une *condictio indebiti* au *bonæ fidei possessor* qui a fait *ex propriis*, un payement incombant à l'héritier, et empêchent, par conséquent, que ce dernier ne soit libéré, car : « In perpetuum quoties id quod tibi debeam ad te pervenit, et tibi nihil absit, nec quod solutum est repeti possit, competit liberatio. » (L. 61, *De solut.*, 46, 3.) Aussi ne semble-t-elle pas devoir être admise.

vel quantum jusserit, non excedat, eum cui aufertur hereditas, impensas ratione doli exceptione aut retenturum aut *actione negotiorum gestorum* repetiturum, veluti hereditario negotio gesto. Quamvis enim stricto jure, nulla teneantur actione heredes ad monumentum faciendum, *tamen principali vel pontificali auctoritate compelluntur* ad obsequium supremæ voluntatis. » Ici encore, la *negotiorum contraria* est donnée sans *animus obligandi*, parce qu'il y a un *negotium* auquel l'héritier est contraint, *principali vel pontificali auctoritate*, par conséquent, un *negotium necessarium*.

La loi 14, § 11, *De relig.*, 11, 7 : « Si quis dum se heredem putat patremfamilias funeraverit, funeraria actione uti non poterit; quia non hoc animo fecit, quasi alienum negotium gerens; et ita Trebatius et Proculus putat. Puto tamen, et ei ex causa dandam *actionem funerariam*, » — et la loi 32, pr. *eod.* : « Si possessor hereditatis funus fecerit, deinde victus in restitutione non deduxerit quod impenderit, utilem esse *ei funerariam*, » donnent d'autres applications de cette exception. Ici encore, l'ensevelissement était un *negotium necessarium* (11) pour l'héritier, et il en a été libéré par le fait du possesseur, attendu que l'on ne peut pas enterrer deux fois la même personne (12).

(11) « Sin autem de hac re defunctus non cavit, nec ulli delegatum id munus est, scriptos heredes ea res contingit, si nemo scriptus est, legitimos, vel cognatos, vel quosque suo ordine quo succedunt. » (L. 12, § 4, D., *De relig.*, 11, 7.)

(12) Une impossibilité d'exécution de même nature ne sau-

La *funeraria* donnée dans ce cas au *bonæ fidei possessor*, n'est d'ailleurs qu'une variété de la *negotiorum contraria* (13).

Dans tous les passages que nous venons de citer, on voit qu'il est question d'un *negotium necessarium*. La nécessité de l'existence d'un pareil *negotium* pour qu'il y ait lieu à l'extension de la *negotiorum contraria* dont nous nous occupons, se trouve également prouvée d'une manière indirecte par le refus de cette action dans des cas où ne se rencontre pas un *negotium* de cette nature. C'est ainsi que ces textes refusent le bénéfice de l'exception au *possessor hereditatis* qui a payé un *inde-*

rait être admise pour expliquer la libération dans le cas de la loi 19, *De negot. gest.*, dont s'occupe la note 10 *supra*. En effet, l'impossibilité où se trouverait l'héritier de livrer les choses léguées ne le libérerait pas. Il en devrait la valeur d'après la règle posée au § 4, I., *De leg.*, 2, 20, sur le legs de la chose d'autrui.

(13) La *funeraria* est une action assimilée par les textes à la *negotiorum contraria*, et exigeant comme elle l'*animus obligandi*. La loi 14, § 7, *De relig.*, 11, 7, dit en effet : « Igitur æstimandum erit arbitrio, et perpendendum quo animo sumptus factus sit, *utrum negotium* quis *vel defuncti*, vel *heredis*, gerat, » etc., et plus loin, « Sed interdum is qui sumptum in funus fecit, sumptum non recipit, si pietatis gratia fecit, non hoc animo *quasi recepturus sumptum quem fecit*, et ita imperator noster rescripsit. » Cpr. § 16, *eod.* Seulement, par une *favor religionis* la *funeraria* était donnée même au *malæ fidei possessor hereditatis*. Le § 13, *eod.*, l'accorde en effet au cas de défense formelle de l'héritier.

L'assimilation des deux actions est d'ailleurs admise par la plupart des auteurs. Voir de Savigny, *System*, V; Beylage, 12, § 218-220, p. 484, not. d. — De Keller, *Pandekten*, § 321, p. 601, — De Vangerow, *Lehrbuch*, III, § 664, anm. 11, a. — Maynz, *Éléments...*, II, § 356, p. 413.

bitum (14). De même, le *bonæ fidei possessor* n'a pour les impenses qu'un droit de rétention d'après les règles ordinaires; ces impenses, en effet, dont l'appréciation est essentiellement variable et personnelle, ne peuvent être regardées comme un *negotium necessarium* (15).

Dans tous les exemples que nous avons pris pour expliquer la portée de notre seconde exception (16), il est bien entendu que chaque fois qu'il a été ques-

(14) L. 20, § 18, *in fine*, D., *De hered. pet.*, 5, 3.

(15) « Et ideo constat si quis quum existimaret se heredem esse, insulam fulsisset, nullo alio modo quam per retentionem impensas servare posse. » (L. 33, *in fine*, D., *De cond. ind.*, 12, 6.)

(16) De Vangerow, *Lehrbuch...*, III, § 664, Anm. II, trouve dans les passages que nous venons de citer les motifs d'une exception à la règle de l'*animus obligandi* beaucoup plus large que la dérogation indiquée au texte. D'après lui, la *negotiorum contraria* serait possible sans *animus obligandi*, chaque fois que le *dominus negotiorum* serait libéré d'une obligation à laquelle il n'aurait pu se soustraire. Mais dans son argumentation le savant auteur oublie de remarquer que les quatre passages (L. 49, *De neg. gest.*, L. 50, § 1, *De hered. pet.* et L. 14, § 11, L. 32, pr., *De releg.*) se rapportent à un *bonæ fidei possessor hereditatis*, et que rien n'autorise à les étendre à tout *negotiorum gestor*. Cette extension est d'autant moins admissible, qu'en général le *bonæ fidei possessor hereditatis* est traité dans le droit romain avec une faveur spéciale.

Unterholzner, *Lehre...*, II, § 627, p. 610, admet également que la *negotiorum gestorum contraria* est recevable sans *animus obligandi* en matière de payement de dettes. En effet, dit-il, l'*animus obligandi* commence dès que celui qui a payé apprend qu'il n'était pas débiteur, et n'intente pas la *condictio indebiti*. C'est une sorte de ratification tacite qui rend le payement libératoire et rend la *negotiorum contraria* recevable. Mais comment admettre qu'une intention tardive unilatérale vienne ainsi, après coup, changer le caractère d'un acte juridique, et autoriser une action à un moment qu'il est d'ailleurs

tion d'un payement fait par le *bonæ fidei possessor hereditatis*, il s'est agi d'un payement effectué de ses propres deniers. S'il avait fait usage des fonds de la succession pour acquitter des dettes ou des legs, il n'aurait aucun motif de réclamer une indemnité. Le sénatus-consulte *juventianum*, en effet, ne le forçait à rendre que ce qui lui restait de l'hérédité (17), et par conséquent il n'aurait pu éprouver de préjudice de la gestion des affaires de l'héritier. Sa position fut encore améliorée sous ce rapport, lorsque Justinien eut attribué à la *petitio hereditatis* le caractère d'une action de bonne foi (18).

Les deux exceptions que nous avons signalées sont les seules que l'on rencontre dans les textes au principe général qui demande que l'on ait eu un *animus obligandi* pour pouvoir exercer la *negotiorum gestorum contraria*. Et cette observation vient confirmer ce que nous avons dit plus haut ; à savoir, que jamais la règle *nemo cum alterius damno locu-*

impossible de préciser? Au surplus, l'objection faite à la théorie de Vangerow s'applique avec la même force à celle d'Unterholzner.

(17) L. 25, D., *De hered. pet.*, 5, 3. — Si par suite de payements faits des deniers de l'hérédité le *possessor* avait à exercer des *condictiones indebiti* contre ceux qui les avaient reçus, il devrait la cession de ces *condictiones* à l'héritier, lors de la restitution de la succession. L. 31, pr., *eod.* (Dans ce passage il ne peut être question de payements faits des deniers du *possessor ;* la restitution de ces payements obtenue par une *condictio* l'indemniserait tout au plus, mais ne le rendrait pas *locupletior.*)

(18) § 28, I., *De act.*, 4, 6.

pletior fieri debet, n'eut assez d'influence sur le développement de cette action pour la détourner entièrement de son but originaire, et la faire servir dans tous les cas où une personne se trouvait, par le fait d'un tiers, enrichie à ses dépens (19).

En résumé, de tout ce que nous avons vu à la section I, il résulte :

1° Qu'il y avait en droit romain un certain nombre de cas dans lesquels il était certain qu'une personne s'était enrichie aux dépens d'une autre, et où cependant la législation ne fournissait aucun remède juridique à cette situation.

2° Que pareil état de choses, évidemment en opposition avec la maxime : *Æquum est neminem cum alterius detrimento fieri locupletiorem*, ne présentait pas cependant d'iniquité flagrante, car il ne résultait en définitive que du fait volontaire de celui qui en souffrait.

---

(19) Les textes du *Corpus juris* n'accordent pas plus une *negotiorum contraria utilis* qu'une *directa*, dans les cas où nous avons vu que cette dernière action n'était pas recevable.

SECTION II.

ACCROISSEMENT DE L'UN DES PATRIMOINES AU DÉTRIMENT DE L'AUTRE, RÉSULTANT DU FAIT D'UN TIERS.

CHAPITRE I.

Division de la matière.

Nous avons vu à la section I une série d'actes au moyen desquels une personne pouvait, par son fait, accroître à ses dépens le patrimoine d'une autre personne. Les mêmes actes amèneraient un résultat analogue si, au lieu d'avoir été accomplis par le propriétaire dont la fortune est diminuée, ils l'avaient été par un tiers opérant avec les valeurs de ce propriétaire (1). Que Mævius ajoute *ferruminatione* un bras qui lui appartient à la statue de Titius, ou que Sempronius fasse cette adjonction, le bras n'en sera pas moins acquis à Titius, et par conséquent, il se trouvera enrichi aux dépens de Mævius, pour peu que l'accession soit contraire à la volonté de ce dernier. Même effet se produira si un tiers paie les créanciers de Titius avec les deniers de Mævius, ou s'il effectue au moyen de ces

______
(1) Naturellement cette proposition est sans application aux accroissements de patrimoine qui supposent un acte complétement personnel à quelqu'un, à une spécification artistique, par exemple, ou à une extinction de dette par *expromissio*.

fonds des impenses sur la chose de Titius, sans que
Mævius ait consenti à ces opérations. Les explications que nous avons données à la section précédente nous dispensent d'entrer dans des détails sur
cet effet des actes du tiers, et permettent de comprendre immédiatement comment l'intervention
d'une personne dont la fortune personnelle n'est
point en jeu, peut amener une foule de situations
présentant un *locupletior factus cum alterius
damno* (2).

Pour qu'un tiers puisse ainsi accroître le patrimoine d'une personne aux dépens d'une autre, il
faut qu'il ait opéré sur les valeurs de cette dernière.
Mais comment aura-t-il pu avoir ainsi la disposition d'une partie de la fortune d'autrui? Il y sera
nécessairement arrivé par l'un des moyens que
voici :

A la suite d'un acte licite passé avec le propriétaire de cette fortune ;

A la suite d'un acte illicite dirigé contre lui.

Cette observation nous conduit à diviser la matière de notre section en deux parties. Au chapitre II nous examinerons les actions au moyen
desquelles une personne dépouillée d'une partie de

---

(2) Pour voir s'il y a un *damnum* dans le sens de la maxime,
il ne faut s'occuper que de la volonté de la personne dont le
patrimoine est amoindri, non de celle du propriétaire qui a
agi. Cet intermédiaire pourrait parfaitement avoir eu vis-à-
vis du *dominus* dont il a augmenté la fortune l'*animus donandi*,
sans que le *damnum* disparût pour celui qui se trouve appauvri.

sa fortune au profit d'une autre personne, par le fait d'un tiers, pouvait obtenir réparation du préjudice éprouvé, lorsque c'était par suite d'un fait licite que ce tiers avait été mis en situation d'opérer cette modification des patrimoines. Au chapitre III nous passerons en revue les actions que le droit romain donnait au cas où le tiers avait pu enrichir quelqu'un à la suite d'un acte illicite.

CHAPITRE II.

Accroissement de patrimoine à la suite d'un acte juridique du tiers. — *Action paulienne.* — *Action de in rem verso.*

§ 1.

Pour ne pas sortir de notre sujet, il faudra, dans ce chapitre et le suivant, écarter tous les cas dans lesquels il aura existé un lien de représentation, soit légal, soit conventionnel, entre le *dominus* dont le patrimoine a reçu un accroissement et le tiers qui a procuré cet accroissement. Dans ces hypothèses, en effet, il se sera formé une sorte de contrat entre le *dominus* représenté par le tiers et le propriétaire dont la fortune se trouvera amoindrie. Celui-ci aura jusqu'à un certain point le droit de dire au *dominus* représenté : Je n'ai eu que vous en vue lorsque j'ai passé avec votre représentant l'acte juridique qui me porte préjudice, donc vous me devez garantie pour les conséquences de cet acte; et si la loi sanctionne cette prétention, l'action qu'elle créera aura pour base, non la circonstance que le *dominus* représenté s'est enrichi aux dépens de celui qui a traité avec le tiers, mais le fait que ce *dominus*, en chargeant ce tiers d'agir en son lieu et place, s'est engagé lui-même. Cette remarque fait voir que tous les cas de représentation sont étrangers à notre matière et que nous n'aurons pas à nous occuper des actions qui s'y appliquent. Aussi ne parlerons-nous ni des actions *quod jussu, exercitoria, institoria, ad exemplum institoriæ utilis*, ni même de l'action *de peculio* (1).

En dehors des cas que nous venons d'indiquer, quelle a été en droit romain la règle relative aux accroissements de patrimoine acquis aux dépens d'autrui par l'intermédiaire d'un tiers, à la suite d'un acte licite de ce tiers? Elle semble avoir été *qu'il n'y a point d'action en réparation accordée à celui dont le patrimoine est diminué contre la personne dont la fortune se trouve accrue.*

Cette règle se comprend aisément. Comment, en effet, celui qui, par un acte juridique, a aliéné une de ses valeurs, pourrait-il aller rechercher à ce sujet une autre personne que celle avec laquelle a été passé l'acte? On ne manquerait pas de repousser son action en disant : *Nullum negotium*

---

(1) La concession d'un pécule indique en effet chez le maître ou le père la volonté d'autoriser son esclave ou son fils à contracter des engagements jusqu'à concurrence du montant de ce pécule, et d'engager les tiers à traiter dans cette limite avec lui.

inter nos contractum est. Pour plus de clarté, prenons un exemple. Seius a, par des impenses, ou une remise de fonds, augmenté le patrimoine de Titius. Tout à coup celui-ci est actionné par Sempronius qui vient lui dire : Si vous avez pu recevoir quelque chose de Seius, c'est parce que je lui avais payé à tort une certaine somme. Aujourd'hui qu'il l'a dépensée à faire des impenses sur votre chose, il se trouve insolvable ; dès lors, l'action que je pourrais lui intenter serait sans résultat ; vous vous trouvez donc enrichi à mes dépens, vous allez m'indemniser. N'est-il pas tout naturel que Titius lui réponde : Je ne vous connais pas ; si vous avez une réclamation à former contre Seius adressez-vous à lui ; quant à moi, je repousse votre *condictio, quia nullum negotium inter nos contractum est* (2).

La règle que nous venons de formuler se trouve indiquée de la façon la plus nette dans plusieurs textes. Modestin nous dit en effet : « *Hic solis* pecunia condicitur quibus quoquo modo soluta est, *non quibus proficit* » (3). Et deux constitutions du Code expriment clairement la même idée : « Eum cui mutuam dedisti pecuniam, ad solutionem urgere competenti debes actione. Nam *adversus negotiatores quos ex mercibus pecunias abstulisse* tuo debitori proponis, *nullam* habes actionem » (4). —

(2) L. 33, D., *De cond. ind.*, 12, 6.
(3) L. 49, D., *eod.*
(4) C. 13, C., *De oblig. et act.*, 4, 10.

« Non *adversus te* creditores, qui mutuam sumsisti
pecuniam, sed ejus, cui hanc credideras, *heredes
experiri* contra juris formam evidenter pos-
tulas (5). »

Cependant cette règle reçoit deux exceptions (6),
la première par l'action que la doctrine appelle
l'*action paulienne* ; la seconde par l'*action de in rem
verso*. Voyons la portée de ces deux exceptions.

§ 2.

Lorsque le tiers qui a procuré l'accroissement
de patrimoine n'a agi que pour porter préjudice à
celui dont il tenait des valeurs, en rendant son
droit de créance inefficace, le créancier ainsi fraudé
pourra, après s'être fait envoyer en possession des
biens du tiers, agir par une action *in factum*
contre celui qui a été enrichi, alors même qu'il
n'aurait à lui reprocher aucune complicité de
dol (1). « Quæ Lucius Titius fraudandi causa

(5) C. 15, C., *Si act. pet.*, 4, 2.

(6) La *condictio indebiti* que d'après les lois 2, § 1, 3, 4, D.,
De cond. ind., 12, 6, l'héritier véritable peut exercer contre
des créanciers ou des légataires payés à tort par un *bonæ fidei
possessor*, existait déjà au profit de ce *possessor*. Elle a été
transmise par ce dernier à l'héritier avec les autres valeurs
de la succession suivant ce que nous avons vu à la note 17, § 3,
chap. II, sect. 1. Ce n'est donc pas une action nouvelle créée
en faveur d'une personne qui se trouve appauvrie par les actes
d'un tiers, et il n'y a pas lieu de s'en occuper ici. Une observation analogue s'applique à la constitution 22, § 5, C., *De
jure delib.*, 6, 30.

(1) Le cas où une action aurait pour fondement la complicité, ne rentre pas dans notre sujet.

sciente te in bonis, quibus de ea re agitur, fecit,
ea illis, si eo nomine, quo de agitur, actio ei ex
edicto meo competere esseve oportet, ei si non
plus quam annus est, cum de ea re, qua de agitur,
experiundi potestas est, restituas; interdum causa
cognita, *etsi scientia non sit, in factum actionem
permittam* (2). »

On le voit : ici la personne dont le patrimoine
a été augmenté par le tiers ne peut pas dire à celui
qui se trouve appauvri en ce que sa créance est devenue mauvaise, je ne vous connais pas, *nullum
negotium inter nos contractum est.* Il sera tenu à restitution par une action *in factum, la paulienne*, et
se trouvera, par conséquent, empêché de s'enrichir
aux dépens d'autrui.

Cette action a-t-elle pour base unique la règle
d'équité formulée dans la maxime *Nemo cum
damno alterius locupletior fieri debet?* La lecture
seule du passage que nous venons de citer montre
qu'il n'en est rien. En effet, ce texte demande
comme condition *sine qua non* de la recevabilité de
l'action le dol du débiteur, et cette condition ne
se comprendrait pas si l'enrichissement acquis aux
dépens d'autrui était le seul fondement de l'action.
Au surplus, l'origine de l'action paulienne montre

---

(2) L. 10 ,pr., D., *Quæ in fraud. cred.*, 42, 8. Voir également
L. 6, § 13, *eod.*, C. 5, C., *De revoc. his quæ in fraud.*, 7, 75. —
Nous classons ce cas dans le chapitre II et non dans le suivant, parce que le tiers, bien que commettant un acte illicite,
a été mis en mesure d'enrichir une autre personne par un
acte juridique.

qu'elle ne fut point créée pour sanctionner la maxime de Pomponius. Voici comment cette action prit naissance.

Le Préteur voyant journellement des débiteurs soustraire par des actes dolosifs une partie de leur fortune à l'action légitime de leurs créanciers, voulut mettre un terme à des manœuvres aussi contraires à la justice. Pour y arriver il déclara nuls les actes ainsi passés, et permit aux créanciers d'agir contre les tiers qui en avaient profité ,au moyen d'un action *in factum* qui reçut dans la doctrine le nom de paulienne (3).

A l'origine le Préteur ne permit d'attaquer ainsi que les tiers qui avaient participé à la fraude du débiteur. En effet, la loi 1, pr., D., *Quæ in fraud. cred.*, rapportant les termes de l'édit primitif, dit formellement : « *Cum eo qui fraudem non ignoraverit.* » Mais plus tard, désireux d'assurer plus d'efficacité au remède qu'il venait de créer, il permit d'actionner les tiers qui avaient reçu des valeurs à titre gratuit, alors même qu'ils n'auraient eu aucune connaissance de l'insolvabilité du débiteur. Ces tiers durent être tenus jusqu'à concurrence de ce dont ils se trouvaient enrichis par les gratifications du débiteur (4). En donnant ainsi de

(3) La rubrique des titres du Digeste et du Code qui s'occupent de cette action : « Quæ *in fraudem creditorum facta* sunt ut restituantur (42, 8). — De revocandis his quæ *in fraudem creditorum* alienata sunt (7, 75) » en rappellent l'origine. Elle n'est d'ailleurs contestée par aucun commentateur.

(4) « In hos tantum qui ignorantes... liberalitatem accepe-

l'extension à l'action paulienne, le Préteur se laissa
sans doute influencer par cette idée qu'il était injuste de laisser une personne s'enrichir aux dépens
d'une autre (5), mais il eut surtout en vue de rendre
plus difficile la fraude du débiteur à l'encontre de
ses créanciers : « Simili modo dicimus, et cui donatum est, non esse quærendum an sciente eo,
cui donatum est; sed *hoc tantum an fraudentur
creditores* (6).

Si donc l'action-paulienne peut quelquefois servir de sanction à la maxime *Nemo cum*, etc., on
ne saurait dire qu'elle dérive exclusivement de ce
principe d'équité. Elle ne reçut d'ailleurs jamais,
dans le sens dont nous nous occupons, d'autre
extension que celle qui vient d'être signalée.

§ 3.

On est beaucoup moins d'accord sur la nature
et la portée de l'action *de in rem verso* que sur
celle de la paulienne. Quelques commentateurs
sont allés jusqu'à soutenir que cette action était
fondée uniquement sur la règle d'équité *Nemo
cum alterius damno locupletior fieri debet*, et devait
s'appliquer à tous les cas où l'on rencontrait un
profit retiré par un tiers d'un acte juridique passé

---

runt hactenus actio erit danda *quatenus locupletiores facti
sunt, ultra non.* » (L. 6, § 11, D., *Quæ in fraud.*, 42, 8.)

(5) « Nec videtur injuria affici is qui ignoravit quum lucrum extorquatur, non damnum infligatur. » (§ 11, *eod.*)

(6) L. 2, § 11, *eod.*

entre deux personnes. D'autres ont limité son application à certains cas, mais sans donner de raison de cette limitation. Essayons de fixer d'après les textes les motifs qui ont donné lieu à la création de la *de in rem verso*, et de déterminer la portée qu'a eue cette action dans le droit romain.

Le passage suivant d'Ulpien va nous servir de guide :

« Et regulariter dicimus, toties de in rem verso esse actionem, quibus casibus procurator mandati, vel qui negotia gessit, negotiorum gestorum haberet actionem, quotiesque aliquid consumsit *servus* ut aut meliorem rem dominus habuerit, aut non deteriorem (1). » Ainsi Ulpien nous dit qu'en règle générale, la *de in rem verso* est donnée toutes les fois qu'un esclave a fait une dépense au profit de son maître, dans des conditions qui lui auraient permis d'agir contre ce maître par *negotiorum contraria*, s'il avait été un homme libre (2).

Voici sans doute comment le Préteur aura été amené à créer l'action ainsi décrite par Ulpien. Lorsqu'on a traité avec une personne libre, on a pour l'exécution des obligations de cette personne, un droit qui s'étend à toutes les valeurs de son

---

(1) L. 3, § 2, D., *De in rem verso*, 15, 3.
(2) Ce que dit Ulpien de l'esclave s'applique au fils de famille. On connaît l'assimilation générale établie par le droit romain entre ces deux classes de personnes. Au point de vue de l'action qui nous occupe, cette assimilation est d'ailleurs établie par de nombreux passages du titre 3, liv. 15, D., *De in rem verso*.

patrimoine. Si l'on ne trouve dans ce patrimoine aucun objet corporel, on s'attaque aux choses incorporelles ; on fait valoir les droits de son débiteur, et l'on peut ainsi obtenir satisfaction. « Quodsi nec quæ soli sunt, sufficiant, vel nulla sint soli pignora, *tunc pervenietur etiam ad jura* (3). » En vertu de ce droit, celui qui a transmis à un homme libre une partie de son patrimoine dépensée par celui-ci au profit d'un tiers, mais dans des circonstances donnant ouverture à la *mandati actio* ou à la *negotiorum gestorum contraria*, pourra, si cet homme n'est pas autrement solvable, faire valoir cette action *mandati* ou *negotiorum gestorum*, et se payer ainsi au moins en partie. Pareille ressource, au contraire, n'existerait pas si, en supposant d'ailleurs toutes les autres conditions identiques, on avait traité avec un esclave ou un fils gérant de pécule, qui eût dépensé les valeurs à lui transmises au profit de la personne sous la puissance de laquelle il se trouvait. En effet, il ne pourrait être question d'actionner le père ou le maître par une *negotiorum contraria*, pareille action ne pouvant prendre naissance au profit de l'esclave ou du fils. Il y a donc entre ces deux situations une inégalité peu équitable. Dans la seconde, en effet, le maître ou le père se sert de sa position particulière vis-à-vis de l'intermédiaire pour garder un accroissement de patrimoine qu'il eût été forcé de rendre s'il n'eût pas eu cet intermédiaire sous sa

(3) L. 15, § 2, D., *De re judicat.*, 42, 1.

puissance. Eh bien! c'est pour faire disparaître cette inégalité, et pour empêcher un père ou un maître d'abuser en quelque sorte de son pouvoir pour échapper à un recours des tiers, que le Préteur créa la *de in rem verso.*

Par cette action, le maître ou le père peut être actionné directement par celui de la fortune de qui étaient sorties les valeurs qui l'ont enrichi, mais, comme le dit Ulpien, dans les cas seulement où il eût été exposé à une *actio mandati* ou à une *negotiorum gestorum contraria* de la part d'un intermédiaire *sui juris.* Elle repose donc sur une sorte de cession fictive de *mandati* ou de *negotiorum contraria.*

Telle est vraisemblablement l'origine de cette action *adjectitiæ qualitatis;* et son origine ainsi expliquée permet de comprendre toutes les dispositions des textes qui s'y rapportent. Prenons-en quelques exemples.

1° Nous avons vu que le gérant d'affaires devait, pour exercer la *negotiorum contraria*, avoir eu l'*animus obligandi;* de même, pour que la *de in rem verso* soit possible, il faudra que l'esclave ou le fils ait eu un *animus* de cette nature. Voilà pourquoi Ulpien accorde l'action lorsque le fils a voulu gérer les affaires de son père : « Quæ sententia ita demum mihi vera videtur, si hoc animo dedit *ut patris negotium gerens* (4), » tandis qu'il la refuse lorsque l'esclave ou le fils a eu simplement l'in-

___

(4) L. 7, § 5, D., *De in rem verso*, 15, 3. — Cpr. également § 4, *eod.*

tention de faire une libéralité au maître ou au père.
« Et ideo si *donaverit* servus domino rem peculiarem, actio de in rem verso cessabit (5). » — « Idem
tractat Papinianus, et si quod patrem dare oppor-
teret, a filio sim stipulatus, et ita convenerim
filium ; nam et hic de in rem verso fore actionem,
nisi si *donare* filius voluit, dum se obligat (6). »

C'est encore la nécessité de cet *animus obligandi*
qui fait comprendre pourquoi il n'y a pas lieu à
la *de in rem verso*, lorsque l'esclave ou le fils n'a
agi que dans l'intérêt du pécule. « Idem Labeo ait,
si servus mutuatus nummos a me, alii crediderit, de
in rem verso dominum teneri, quod nomen ei ad-
quisitum est; quam sententiam Pomponius ita
probat, si non *peculiare* nomen fuit, sed *quasi do-
minicæ rationis* (7). » — « Placet non solum eam
pecuniam in rem verti quæ statim a creditore ad
dominum pervenit, sed et quæ prius fuit in peculio. Hoc autem toties verum est, quoties servus
rem domini gerens locupletiorem eum facit, *nummis peculiaribus; alioquin*, si servo peculium dominus adimat, vel si vendat eum cum peculio, vel
rem ejus peculiarem, et pretium exigat, non videtur in rem versum (8). » Ainsi, dans ces cas, il n'y

(5) L. 7, pr., D., *De in rem verso*, 15, 3.
(6) L. 10, § 2, *eod.*
(7) L. 3, § 5, *eod.*
(8) L. 5, § 3, *eod.*, Cpr. L. 6; L. 11, *eod.* La loi 5, § 3, montre
d'ailleurs qu'il n'est pas nécessaire que l'*animus obligandi* ait
existé lorsque l'esclave ou le fils passe l'acte qui le met en
mesure de disposer de valeurs. Il peut les avoir acquises pour

a pas d'*actio de in rem verso*, quoique le maître soit indirectement enrichi par l'accroissement du pécule.

2° Pour exercer la *negotiorum contraria*, il faut avoir géré utilement les affaires d'autrui. Un accroissement de patrimoine encore existant au moment où l'action est introduite est une preuve suffisante de l'utilité d'une gestion et doit rendre la *negotiorum contraria* recevable, au moins jusqu'à concurrence de cet enrichissement réel. Il en sera de même pour la *de in rem verso*. La loi 5. pr., D., *De in rem verso*, 15, 3, porte en effet : « Si res domino non necessarias emerit servus quasi domino necessarias, veluti servos, hactenus videri in rem ejus versum Pomponius scribit, quatenus servorum verum pretium facit, quum si necessarios emisset, in solidum, quanto venissent, teneretur (9). »

son pécule, et les avoir employées seulement plus tard au profit du maître. Seulement il faut qu'elles soient réellement sorties du pécule pour donner lieu à la *de in rem verso*.

(9) Il ne faut pas attacher grande importance à ce que dans la L. 17, § 4, *De inst. act.*, 14, 3, Paul accorde une action *de in rem verso* au cas même où le maître aurait défendu de traiter avec son esclave, lorsqu'il lui est advenu un accroissement réel de patrimoine, tandis que le même jurisconsulte au fragment 40, D., *Mand. vel cont.*, 17, 1, refuse la *negotiorum contraria* lorsque le *dominus negotiorum* a interdit au gérant de s'occuper de ses affaires, et quel qu'ait été d'ailleurs le résultat de sa gestion. En effet, les jurisconsultes étaient divisés sur la question de savoir quelle influence la prohibition du *dominus negotiorum* avait sur l'exercice de la *negotiorum contraria*, et il n'y a rien de surprenant à ce que Paul se soit, dans une question controversée, montré plus large pour la *de in rem verso* que pour la *negotiorum contraria*. (Sur ce

Nous avons vu cependant que l'existence d'un
accroissement de patrimoine n'était pas indispensable pour que la gestion fût considérée comme
utile et pût donner lieu à la *negotiorum contraria*.
Les textes nous donnent la même solution pour la
de in rem verso, et déclarent cette action recevable
dans des cas où l'enrichissement pour le père ou
le maître n'existerait plus au moment où elle est
intentée. « Unde recte dicitur et si frumentum
comparavit servus ad alendam familiam, *et in
horreo dominico reposuit, et hoc periit vel corruptum
est, vel arsit*, videri versum (10). » Bien plus, dans
la loi 17 proœmium, D., *De in rem verso*, Africain
accorde la *de in rem verso* pour des cas dans lesquels le patrimoine du maître n'a jamais reçu
d'accroissement, et il donne formellement, pour
motif de sa solution, que dans des circonstances
analogues il y aurait lieu à une *mandati* ou à une
negotiorum contraria. « Servus in rem domini pecuniam mutuatus, sine culpa eam perdidit; nihil-
ominus posse cum domino de in rem verso agi,
existimavit : nam et si procurator meus in negotia
mea impensurus pecuniam mutuatus, sine culpa
eam perdiderat, recte eum hoc nomine *mandati
vel negotiorum gestorum acturum*. »

3° La cession fictive sur laquelle est basée la *de*

qui constitue l'augmentation de fortune quant à la *de in rem
verso*, voir également L. 3, § 4, D., *De in rem verso*, 15, 3;
L. 7, § 5; L. 12, *eod.*)

(10) L. 3, § 7, D., *De in rem verso, 15, 3. Cpr. L. 8, eod.*

in rem verso explique pourquoi cette action n'est
pas donnée lorsque l'esclave ou le fils se trouve
débiteur du maître ou du père. Dans ce cas, à supposer qu'une *negotiorum contraria* fût possible au
profit de ces personnes, elle eût été éteinte par
compensation (11). Ce fait vient s'opposer à la fiction
d'une cession, et voilà pourquoi la *de in rem verso*
n'est pas accordée. « Si domini debitor sit servus,
et ab alio mutuatus ei solverit, hactenus non vertit
quatenus domino debet ; quod excedit vertit. Pro·
inde si quum domino deberet triginta, mutuatus
quadraginta, creditori ejus solverit, vel familiam
exhibuerit, dicendum est, de in rem verso in decem
competere actionem aut si tantumdem debeat,
nihil videtur versum (12). »

L'action ne renaîtrait pas, d'ailleurs, si l'esclave
était redevenu créancier de son maître postérieu-
rement au passage des valeurs du tiers dans son
patrimoine. Et cela se comprend : la *negotiorum
gestorum contraria* étant censée éteinte par la compensation, la fiction de cession est impossible une
fois pour toutes et ne peut revivre par un fait pos-
térieur. « Idem quæris si in rem tuam verteris, et
debitor tuus factus sit, mox creditor ejusdem summæ

(11) La compensation a toujours été admise en droit romain
pour les actions de bonne foi, et la *negotiorum actio* est de ce
nombre : « Judici tamen horum omnium judiciorum compen-
sationis rationem habere non ipsis formulæ verbis præcipi-
tur ; sed quia id bonæ fidei judicio conveniens videtur, ideo
officio ejus contineri creditur. » Caius, 4, 63 (éd. Huschke).

(12) L. 10, § 7, D., *De in rem verso*, 15, 3, Cpr. L. 10,
§ 8, *cod.*

quam tibi debuit, an renascatur de in rem verso
actio, an vero ex post facto *non convalescat? quod
verum est* (13). »

C'est encore par suite de cette sorte de compensation que l'action *de in rem verso* ne sera pas accordée dans les cas où le maître ou le père aurait
payé à l'esclave ou au fils le montant de ce qui aurait pu lui être réclamé par une *negotiorum contraria*, alors même que ce qu'il aurait remis à la
personne en puissance eût été dissipé par elle (14).
Cette remise de valeur empêchera l'action aussi

(13) L. 10, § 9, *eod.* — On pourrait opposer à notre explication la phrase de la loi 10, § 7, faisant suite au passage que
nous avons cité : « Nam ut Pomponius scribit adversus lucrum domini videtur subventum, » et dire que la raison du
refus de la *de in rem verso* dans cette loi est le fait que le
maître qui a une créance contre son esclave ne reçoit que ce
qui lui est dû en acquérant des valeurs provenant même d'un
tiers, et qu'il ne fait pas un gain réel. Mais en y regardant de
près, on trouve que cette interprétation n'est pas admissible.
D'abord le maître qui acquiert des valeurs d'un tiers fait
toujours vis-à-vis de lui un gain. Qu'il soit ou non créancier
de son esclave, son patrimoine s'accroît aux dépens de ce
tiers. Si donc l'action *de in rem verso* n'avait pour fondement
que le gain fait par le maître, on devrait l'accorder dans tous
les cas. Et puis, en supposant que ce fût là le fondement de
la *de in rem verso*, comment expliquer que cette action n'est
point donnée lorsque l'esclave redevient créancier de son
maître? Ici pourtant il y a incontestablement un gain.

Quant à la phrase de la loi 10, § 7, elle peut s'accorder parfaitement avec la fiction de cession que nous avons admise.
Ulpien y veut dire simplement que le maître ne doit pas tirer
avantage de sa position vis-à-vis du *gestor* son esclave, mais
que d'un autre côté cette position ne doit pas lui créer une
situation plus désavantageuse que celle qu'il aurait eue en
présence d'un intermédiaire *sui juris.*

(14) L. 10, § 6, D., *De in rem verso,* 15, 3.

bien lorsqu'elle aura précédé la *versio* que lorsqu'elle l'aura suivie (15). Cet effet serait même attribué à une simple donation rémunératoire. « Plus dicit, et si tantumdem ei donavit dominus, quantum creditori solvit pro se, *si quidem remunerandi animo, non videri versum,* si vero alias donavit, durare versum (16). »

De tous les textes que nous venons de citer, il résulte, avec plus de certitude encore, que le fondement de l'action *de in rem verso* est bien ce fait, que le Préteur a voulu empêcher le maître ou le père de tirer avantage de sa position pour échapper à une *mandati* (17) ou à une *negotiorum contraria.* En effet, la plupart de ces textes concordent peu avec l'opinion qui veut que la *de in rem verso* ait été créée uniquement pour empêcher quelqu'un de s'enrichir aux dépens d'autrui, et quelques-uns même sont absolument inconciliables avec cette manière de voir ; par exemple, les lois 7, pr., et 10, § 2, D., *De in rem verso,* qui refusent l'action dans le cas où la personne en puissance aurait eu l'*animus donandi,* et la loi 17, pr., D. *eod.,* qui donne la *de in rem verso* pour des circonstances dans lesquelles le maître où le père n'a retiré aucun béné-

(15) L. 16, *eod.*
(16) L. 10, § 7, *eod.*
(17) Les cas où une *actio mandati* eût été possible de la part d'une personne *sui juris* ont peu d'importance au point de vue de l'exercice de la *de in rem verso.* Dans ce cas, en effet, le tiers aurait eu une action beaucoup plus efficace, la *quod jussu,* par laquelle il pouvait obtenir contre le père ou le maître une condamnation *in solidum* (§ 1, 1., *Quod cum eo,* 4, 7).

fice des actes de son esclave ou de son fils (18).

D'après ce que nous venons de voir, la *de in rem verso* ne fut jamais possible à l'origine, qu'au sujet d'actes passés par une personne *alieni juris*. Mais le Préteur ayant vu dans cette action un moyen de sanctionner la maxime *Nemo cum damno alterius locupletior fieri debet*, en étendit un peu l'application. Il ne le fit cependant qu'avec la plus grande réserve, et voici le seul cas d'une extension de cette nature que nous trouvions dans les textes.

Celui qui a transmis des valeurs à une personne

(18) Un texte semble contraire à notre théorie, c'est la loi 6, § 6, D., *De neg. gest.*, 3, 5, dans laquelle Ulpien, après avoir rapporté une opinion de Labéon et Pomponius, qui ne donnent dans une affaire gérée *contemplatione filii* que la *de peculio* et non la *negotiorum gestorum contraria* contre le père, et après avoir déclaré qu'il partage cette opinion, s'exprime ainsi : « Hoc adjecto, quod putat et si nihil sit in peculio, quoniam plus patri dominove debetur, et *in patrem dandam actionem*, in quantum locupletior ex mea administratione factus sit. »

L'action dont parle Ulpien ne peut être une *negotiorum contraria*, la première partie du passage s'y opposerait; c'est donc une *de in rem verso*. Cependant Ulpien, comme condition de l'exercice de cette action, ne parle que de l'enrichissement du père; n'est-ce pas là une preuve que cette condition est la seule exigée pour la *de in rem verso*? L'objection est spécieuse, mais elle se réfute, surtout en présence des dispositions si formelles du titre 3, livre 15, par cette observation, qu'à la loi 6, Ulpien ne fait qu'indiquer la possibilité d'une action à côté de la *de peculio* sans l'étudier en détail. En parlant d'un enrichissement du père, il fait allusion à une circonstance qui se rencontrera très souvent lorsque l'action *de in rem verso* sera possible, mais n'entend nullement dire que cet enrichissement soit le fondement de l'action ou la seule condition nécessaire à son exercice.

qu'il savait gérer les affaires d'autrui, pour l'aider dans cette gestion, peut actionner directement le *dominus negotiorum*, lorsque ces valeurs sont entrées dans le patrimoine de ce *dominus*, alors même que le *gestor* serait une personne *sui juris;* l'action ainsi donnée est une *de in rem verso*.

L'extension que nous signalons se trouve relatée dans deux passages du *Corpus juris*.

« Jure societatis per socium ære alieno non obligatur, *nisi in communem arcam pecuniæ versæ sunt* (19). » — «Alioquin si cum libero, rem agente ejus, cujus precibus meministi, contractum habuisti, et ejus, personam elegisti, pervides contra dominum nullam te habuisse actionem, *nisi vel in rem ejus pecunia processit*, vel hunc contractum ratum habuit (20). » Ce second texte, d'une application beaucoup plus générale que le précédent, montre bien que la première loi n'est pas spéciale aux sociétés.

En dehors des circonstances toutes particulières que nous venons de relever, jamais le Préteur n'accorda la *de in rem verso* à l'occasion d'actes passés par des personnes *sui juris*. On voit donc que cette action fut loin d'être un remède général à l'enrichissement d'une personne aux dépens d'une autre (21).

(19) L. 82, D., *Pro socio*, 17, 2. Il ne peut être question dans ce passage d'une action d'un associé contre ses associés. L'expression *per socium* ne laisse aucun doute à cet égard.

(20) C. 7, § 1, C., *Quod cum eo*, 4, 26.

(21) La plupart des auteurs, sans donner d'ailleurs de raison

En résumé, lorsque le tiers qui a procuré l'accroissement de patrimoine a été mis en situation de le faire par un acte juridique, la règle est que celui qu'il a enrichi ne peut être actionné en indemnité par celui dont la fortune s'est trouvée diminuée. Il n'y a d'exception que, quelquefois, lorsque le tiers a eu une intention de fraude, qu'il a été un *negotiorum gestor*, ou qu'il se trouvait sous la puissance de la personne qu'il a enrichie.

Ici encore il reste donc un grand nombre de situations dans lesquelles la maxime *Nemo cum damno alterius locupletior fieri debet* aurait dû être appliquée, et où cependant elle se trouvait dépourvue de sanction.

de cette restriction, n'admettent d'application de la *de in rem verso* que dans les limites que nous avons tracées. Cpr. Du Caurroy *Institutes*, II, n° 1282, p. 400.—Demangeat, *Cours*, II, p. 624. — Bonjean, *Traité des actions*, II, § 307. — Maynz, *Éléments*, II, § 306, p. 226. — Mackeldey, *Lehrbuch*, II, § 478. — Wening-Ingenheim, *Lehrbuch des gemeinen Civilrechts*, II, § 221, p. 99. — Puchta, *Pandekten*, § 279, p. 415, not. *h.* — Unterholzner, *Lehre*, I, § 200, p. 421. — De Vangerow, *Lehrbuch*, I, § 224, An. — Windscheid, *Lehrbuch des Pandektenrechts*, II, 2ᵉ part., § 483.—De Keller, *Pandekten*, § 236, ne reconnaît aucune extension de la *de in rem verso*. D'après lui, l'action donnée dans les deux passages que nous avons cités en dernier lieu serait une *condictio sine causa* et non une *de in rem verso*. Mais cette supposition est contredite par plusieurs des textes qu'il cite dans le même paragraphe, notamment la loi 49, D., *De cond. ind.*, 12, 6, qui dit : « *His solis pecunia condicitur* quibus quoquo modo *soluta est, non quibus proficit.* » Or, dans les deux passages, l'argent a été remis au *negotiorum gestor*, non au maître.

CHAPITRE III.

Accroissement de patrimoine à la suite d'un acte illicite du tiers. — *Action quod metus causa.* — *Actions résultant de faits illicites de représentants ou de personnes en puissance.*

§ 1.

Nous ne nous occuperons dans ce chapitre que des cas dans lesquels la personne qui a vu sa fortune s'accroître n'a pas été complice du fait illicite du tiers (1). Les autres, en effet, sortent de notre sujet.

Lorsqu'il n'y a eu aucune mauvaise foi à reprocher à celui qui s'est enrichi aux dépens d'autrui à la suite du délit d'un tiers, la règle est encore *qu'il ne peut être actionné directement par la personne dont le patrimoine est diminué* (2).

---

(1) L'ordre donné, ou la ratification équivaut sous ce rapport à une participation matérielle au fait illicite. « Is damnum dat qui jubet dare. » (L. 169, D., *De R. J.*, 50, 17. — Cpr. L. 152, *eod.;* L. 1, §§ 14, 15, D., *De vi et vi arm.*, 43, 16.)

(2) La loi 3, § 1, D., *De eo per quem fact. erit quom.*, 2, 10, porte à la vérité : « Plane si is qui dolo fecerit, quominus in judicio sistatur, solvendo non fuerit, æquum erit adversus ipsum reum restitutoriam actionem competere, ne propter dolum alienum reus lucrum faciat, et actor damno afficiatur. » Ce passage semble en contradiction flagrante avec notre règle. Mais en l'examinant on voit qu'il n'édicte point une disposition générale, qu'il ne crée pas une action applicable à tous les cas où une personne se serait enrichie aux dépens d'autrui à la suite du délit d'un tiers, mais qu'il rappelle simplement une situation dans laquelle le Préteur accorderait vraisemblablement une *restitutio in integrum*

Cette règle est implicitement reconnue dans plusieurs textes que nous citerons tout à l'heure ; elle se déduit d'ailleurs forcément des principes que nous avons exposés au chapitre précédent. Ici encore on aurait, en effet, le droit de répondre à celui qui introduirait une action : Si vous avez à vous plaindre du délit d'un tiers, adressez-vous à lui ; quant à moi, vous ne pouvez me reprocher aucun acte illicite, et comme d'un autre côté *nullum negotium inter nos contractum est*, vous ne pouvez me rechercher.

Cette règle, si naturelle au premier abord, a cependant reçu plusieurs exceptions, et elles sont faciles à expliquer. La situation d'une personne qui, victime d'un délit, voit passer une partie de sa fortune aux mains d'un tiers est digne d'intérêt ; et il n'est pas surprenant que le droit romain ait souvent cherché à la mettre à l'abri d'une perte inique. Les dispositions introduites dans ce but créèrent des exceptions de deux natures à la règle dont il vient d'être question : Exception particulière ; exception applicable aux faits illicites de toute une catégorie de personnes.

propter absentiam. Un demandeur ayant été empêché par dol d'agir en justice, et son droit étant prescrit par suite de cette inaction, Julien dit qu'il pourrait y avoir lieu de le restituer contre cette prescription, c'est-à-dire simplement de lui rendre son ancienne action. C'est là une des applications de ce bénéfice que le Préteur accordait dans certaines circonstances, mais qui ne constituait aucunement un moyen régulier de procédure, et dont nous n'avons pas à nous occuper. Cpr. de Vangerow, *Lehrbuch*, I, § 177, An. 2, p. 300.

§ 2.

Celui qui a abandonné une valeur lui appartenant, à la suite soit de menaces, soit de violences,
peut actionner par la *quod metus causa actio* le tiers
auquel l'auteur des violences ou des menaces a
fait passer cette valeur, et en exiger une indemnité
égale à son gain, alors même que ce tiers serait
complétement étranger au délit : « In hac actione
non quæritur utrum is qui convenitur an alius
metum fecit : sufficit enim hoc docere metum sibi
illatum vel vim, *et ex ea re eum qui convenitur etsi
crimine caret, lucrum tamen sensisse* (1). »

C'est le Préteur qui créa cette action si équitable de la *quod metus causa* (2), et qui, par l'application que nous venons de signaler, la fit servir
au triomphe de la règle d'équité *nemo cum alterius
damno locupletari debet.* La justice demandait un
pareil secours pour les circonstances dont nous
nous occupons, et il y a lieu de s'étonner que le
Préteur n'en ait pas institué d'analogues pour les
autres délits que la violence ou la menace (3).

(1) L. 14, § 3, *Quod met. causa,* 4, 2.
(2) L. 1, L. 9, § 1, D., *Quod met. causa,* 4, 2.
(3) Les expressions du passage que nous avons cité *in hac
actione... sufficit* montrent le caractère exceptionnel de la
disposition qu'il renferme et reconnaissent implicitement la
règle posée au paragraphe précédent. Ce caractère de disposition exceptionnelle est encore mis plus en relief par la com-
paraison de la loi 14 citée avec le fragment 15, § 3, D., *De dolo
malo,* 4, 3, qui porte : « In hac actione designare oportet.
cujus dolo factum sit, quamvis in metu non sit necesse. »

§ 3.

Nous trouvons dans les textes deux exceptions applicables aux délits de toute une catégorie de personnes.

A. — Lorsque la personne dont le patrimoine a été augmenté avait pour représentant soit légal, soit conventionnel, le tiers qui s'était rendu coupable du délit, elle pouvait être recherchée jusqu'à concurrence de l'enrichissement qui lui était advenu.

Pour les représentants légaux, cette exception se trouve relatée dans plusieurs textes dont nous n'avons pas à nous occuper (1). Et quant aux représentants conventionnels, il en est donné un exemple saillant dans un passage d'Ulpien : « Item si quid ex dolo procuratoris ad dominum pervenit, *datur in dominum de dolo actio in quantum ad eum pervenit* ; nam procurator ex dolo suo procul dubio tenetur (2). »

On le voit, l'action *de dolo* dont l'application est en principe limitée à l'auteur du dol (3) est donnée *in quantum ad eum pervenit* contre une personne étrangère au délit, lorsqu'il a été commis par son représentant.

—

(1) En pareil cas, en effet, la personne dont le patrimoine s'augmente est toujours un pupille, un fou, une personne juridique, etc.

(2) L. 15, § 2, *De dol. mal.*, 4, 3.

(3) Cpr. not. 3 du § 2.

Cet exemple, rapproché des textes relatifs aux représentants légaux (4), ne peut laisser de doute sur l'existence d'une exception applicable aux délits de toutes espèces commis par des représentants, exception dont le motif est facile à saisir. Il y a, en effet, vis-à-vis des tiers, un lien si intime entre celui qui représente et celui qui est représenté, qu'il est impossible de dire que le délit du premier soit absolument étranger au second. Sans doute, il est difficile de rendre le *dominus* entièrement responsable du fait de son *procurator*, mais l'équité demande qu'au moins il ne puisse pas retirer de gain de son délit. Voilà pourquoi le Préteur a voulu que le *dominus* fût tenu des actes illicites de son représentant, jusqu'à concurrence de ce qui *ad eum pervenit*.

B. — Lorsque la personne dont la fortune a été augmentée avait sous sa puissance celui qui s'est rendu coupable du fait illicite, *elle pouvait être actionnée jusqu'à concurrence du gain qu'elle avait retiré indirectement de ce fait illicite.*

Il n'est point question ici de l'action noxale. De l'avis unanime des auteurs, celle-ci n'est nullement basée sur ce qu'une personne s'est enrichie aux dépens d'autrui. Donnée sans doute dans un but d'ordre public (5), elle devait contraindre

---

(4) L. 3, § 1, D., *De tribut. act.*, 14, 4. — L. 15 pr., § 1, *De dol. mal.*, 4, 3. — L. 4, D., *De vi et vi armata*, 43, 16. — L. 13, § 7, *De act. empt. vend.*, 19, 1. — L. 21, § 1, *De peculio*, 15, 1.
(5) Voir Bonjean, *Traité.....*, II, § 306, p. 205.

le *paterfamilias* quel qu'il fût à indemniser la victime des délits commis par la personne en sa puissance, ou au moins à abandonner la noxe. Cette *noxæ deditio* pouvait être demandée, que le maître eût retiré ou non profit du délit; et, par conséquent, l'action noxale ne rentre pas dans notre étude.

L'action dont nous faisons mention existe conjointement avec cette *noxalis actio*, et a pour but direct de faire rendre par le *paterfamilias* le bénéfice personnel qu'il a retiré du fait illicite de son esclave ou de son fils. Elle est clairement indiquée dans plusieurs textes du *Corpus juris :* « Si servus vel filiusfamilias furtum commiserit, condicendum est *domino id, quod ad eum pervenit ;* in residuum noxæ servum dominus dedere potest (6). — In interdicto unde vi dicendum est, ut *ejus causa, quod ad patrem pervenit ipse teneatur* (7). »

Quelquefois les passages relatifs à cette action parlent d'un pécule et d'une action *de peculio ;* cela vient de ce que l'accroissement de patrimoine se produira le plus souvent lorsque la personne en puissance aura eu un pécule : « Si filiafamilias res amoverit Mela, Fulcinius aiunt de peculio dandam actionem, quia displicuit eam furti obligari, vel in ipsam ob res amotas dari actionem.... Sed mor-

---

(6) L. 4, D., *De cond. furt.*, 13, 1. Ce passage justifie pleinement ce que nous venons de dire. La *noxæ deditio* ne libère pas le maître, il est encore tenu *in id quod ad eum pervenit.*

(7) L. 16, D., *De vi et vi arm.*, 43, 16, Cpr. également L. 1, § 19, *eod.*

tua filia in patrem rerum amotarum actionem dari non oportere; *Proculus ait, nisi quatenus ex ea re pater locupletior sit* (8). — Ex furtiva causa filio quidem familias condici posse constat; an vero in patrem vel in dominum de peculio danda est quæritur. Et est verius *in quantum locupletior dominus factus esset ex furto facto actionem de peculio dandam.* Idem Labeo probat, quia iniquissimum est, et ex furto servi dominum locupletari impune. Nam et circa rerum amotarum actionem filiæfamilias nomine in id, quod ad patrem pervenit, competit actio de peculio (9). »

Ainsi chaque fois que celui qui retire un profit indirect d'un délit, aura eu sous sa puissance l'auteur de ce délit, il sera tenu *in quantum locupletior factus fuit.* Cette exception à notre règle s'explique d'elle même : le *paterfamilias* doit surveiller les actes des personnes placées sous sa puissance ; il en est responsable, et il ne faut pas qu'il puisse, au moyen de délits commis par elles, s'enrichir aux dépens d'autrui. *Iniquissimum est,* dit Ulpien, *ex furto servi dominum locupletari.*

L'action dont il est question se donne contre le *paterfamilias* chaque fois qu'il est *locupletior factus.* Pour apprécier si cette condition est remplie, il faudra examiner sa situation au moment de la *litis contestatio* (10). L'enrichissement peut d'ailleurs

(8) L. 3, § 4, *De rer amot.*, 25, 2.
(9) L. 3, § 12, *De pecul.*, 15, 1.
(10) C'est la règle en pareille matière, Cpr. L. 7, pr., D.,

consister aussi bien en un accroissemen direct de
la fortune du maître ou du père, qu'en une augmentation du pécule de la personne en puissance.
Sous ce rapport cette action diffère de la *de in rem
verso* (11).

Les textes ne donnent pas de nom particulier à
l'action qui nous occupe. Il est probable qu'elle
était, ainsi que l'*actio* dont il a été question à la
la lettre A, désignée sous le nom de l'action dérivant du délit, et délivrée *in quantum locupletior
factus est*. C'est ce qui semble résulter des passages
que nous avons cités.

Les exceptions que nous avons indiquées sont
les seules que l'on rencontre dans le *Corpus juris*
à la règle formulée au commencement de ce chapitre. Bien qu'elles comprennent un certain
nombre de cas, elles seront souvent sans application, et dès lors il restera bien des situations dans
lesquelles une personne dépouillée d'une partie
de son patrimoine par suite d'un fait illicite, se
trouvera sans ressource pour se faire indemniser.

Cette observation, rapprochée de celle que nous
avons faite à la fin du chapitre précédent, nous
permet de résumer ainsi ce que nous avons vu à
la section II :

Dans beaucoup des situations comprises dans
cette section, le droit romain ne donnait aucun

De donat. inter vir. et ux., 24, 1. — L. 34, D., *De min.*, 4, 4. —
L. 37, pr., D., *De neg. gest.*, 3, 5.

(11) Cpr. not. 8, § 3, ch. II, sect. II.

secours judiciaire à la personne qui se trouvait dépouillée d'une partie de sa fortune au bénéfice d'autrui, et laissait par conséquent subsister un état de choses manifestement en opposition avec la maxime *Nemo cum alterius damno locupletior fieri debet*, et souvent très-contraire à la justice.

SECTION III.

ACCROISSEMENT DE L'UN DES PATRIMOINES AU DÉTRIMENT DE L'AUTRE, RÉSULTANT DU FAIT DU PROPRIÉTAIRE QUI RÉALISE LE GAIN.

CHAPITRE I.

Division de la matière.

Les explications données à la première section permettent de concevoir un grand nombre de cas dans lesquels une personne peut s'enrichir aux dépens d'autrui par son propre fait. Ce sont d'abord des cas d'accessions ou d'impenses. Lorsque, en effet, une chose est jointe à une autre de manière à n'en plus former que la partie accessoire, elle passe au propriétaire de cette autre chose, et cela, aussi bien lorsque l'adjonction aura été opérée par le *dominus* de la chose principale, que lorsqu'elle sera le fait du propriétaire de la *species* absorbée comme accessoire.

Ce sont également des cas de spécification. Celle-ci, en effet, fait passer au spécificateur la propriété de la matière lorsqu'elle ne peut plus être ramenée à sa forme première.

C'est enfin la libération d'une dette effectuée au moyen des deniers d'autrui.

Mais à ces situations que les développements précédemment donnés présentent dès l'abord à l'esprit, il faut ajouter une hypothèse plus générale et qui se comprend sans aucun commentaire. C'est le cas d'un homme qui, possesseur de la chose d'autrui, l'aliène, et augmente son patrimoine de la valeur qu'il reçoit en contre-échange de cette chose.

Nous n'avons pas besoin d'insister pour faire comprendre comment des actes accomplis dans ces différentes situations peuvent donner lieu à l'accroissement du patrimoine d'une personne *cum damno alterius*, avec toutes les conditions supposées dans cette section. Nous savons qu'ils opèrent translation d'une valeur d'un patrimoine dans un autre ; ils émanent de celui qui fait l'acquisition ; et dès lors, pour qu'il y ait un *locupletior factus* avec les conditions supposées, il suffira qu'ils aient été accomplis contrairement à la volonté du *dominus* dont le patrimoine se trouve diminué.

Pour augmenter sa fortune par l'une des voies que nous venons de rappeler, on aura dû nécessairement se trouver en possession d'une chose appartenant à autrui. Cette possession, on n'aura pu

l'acquérir que par l'un des moyens suivants :
1° en commettant un délit ; 2° en passant un acte
juridique avec un tiers ; 3° en passant un acte juridique avec le propriétaire lui-même.

La première de ces hypothèses ne nous intéresse
pas, car le délit rendant son auteur responsable,
devra le soumettre dans tous les cas à une action
en réparation. Les deux autres, au contraire, de-
vront être examinées, et nous fournissent une division toute naturelle de cette section.

Nous allons rechercher d'abord, quelles actions
le droit romain donnait à celui qui avait éprouvé
la perte, contre celui qui avait fait le gain, quand
ce dernier avait acquis, au moyen d'un acte juridique passé avec un tiers, la possession qui lui avait
permis de transformer les deux patrimoines. Ce
sera la matière du chapitre II.

Nous verrons ensuite quelles actions il donnait,
lorsque la possession avait été transférée par un
acte juridique passé avec le *dominus* qui avait
éprouvé le préjudice. Ce sera l'objet du chapitre III.

Avant d'entreprendre cette recherche, nous devons faire une observation très-importante, c'est
qu'il n'y a de diminution véritable de patrimoine
qu'autant que le *dominus* a perdu la possibilité de
recouvrer par une *rei vindicatio* la chose dont la
détention lui a été enlevée. Nous n'aurons donc
pas à nous occuper des cas où la transformation,
la consommation ou l'aliénation de la chose d'autrui n'a pas été de nature à rendre toute action en

revendication impossible de la part de son ancien maître (1).

CHAPITRE II.

Possession acquise à la suite d'un acte licite passé avec un tiers. — *Utilis in rem actio, actio in factum.* — *Condictio sine causa.*

§ 1.

Dans l'ancien droit romain, celui qui ayant acquis la possession d'une chose au moyen d'un acte juridique passé avec un tiers, avait augmenté son patrimoine en la transformant ou en l'aliénant, ne fut sans doute exposé à aucun recours de la part du propriétaire de cette chose. En effet, il n'y avait point eu d'acte de nature à faire naître contre lui, d'après le droit civil, une obligation de restitution.

A mesure cependant que l'équité prit plus de place dans la législation, il parut nécessaire de ne point laisser ainsi un homme s'enrichir impunément aux dépens d'autrui, par son propre fait; aussi le droit prétorien et bientôt le droit civil lui-même vinrent-ils remédier à cette situation. Les actions qu'ils créèrent à cet effet apportèrent un secours efficace au *dominus* dont la fortune se trou-

____

(1) C'est ce qui aurait lieu, par exemple, pour une simple *plumbatura*. Elle ne rendrait point la *rei vindicatio* impossible. Cette action devrait simplement être précédée d'une *ad exhibendum actio*.

vait atteinte, si bien que, dès une époque assez reculée, la règle fut, pour les cas que nous examinons à ce chapitre, que : *chaque fois qu'une personne s'enrichissait aux dépens d'une autre en aliénant ou en transformant sa chose, elle pouvait être actionnée directement par cette autre personne, au moins jusqu'à concurrence du gain qu'elle avait réalisé.*

Recherchons par quelles institutions on arriva à satisfaire ainsi l'équité.

Les premières actions introduites dans ce but, le furent par le droit prétorien, et seulement pour des cas particuliers. Ce fut d'abord une *utilis in rem actio*, puis une *actio in factum*, mentionnées l'une et l'autre dans plusieurs textes parfaitement clairs.

« De arbore quæ in alienum agrum translata coaluit et radices immisit, Varus et Nerva *utilem in rem actionem dabant ;* nam si nondum coaluit, mea esse non desinet (1). » — « Certe secundum hanc regulam si, me possidente petas, imaginem tuam esse, nec solvas pretium tabulæ, poteris per exceptionem doli mali summoveri ; ac si tu possideas, consequens est ut *utilis mihi actio* adversum te dari debeat ; quo casu, nisi solvam impensam picturæ, poteris me per exceptionem doli mali repellere, utique si bona fide possessor fueris (2). »

Il est facile de comprendre comment cette action

(1) L. 5, § 3, D., *De rei vind.*, 6, 1.
(2) Gaius, II, § 78. L'anomalie relative à la peinture n'enlève rien à la portée de l'exemple. L'accession a rendu le peintre propriétaire de la toile, et Gaius recherche quelle action le

utile prit naissance. Dans les cas où il en est fait
mention, la chose réunie par accession n'a pas, en
fait, complétement disparu. Aussi le Préteur put-il
se permettre d'imiter une *rei vindicatio*, et de
donner à l'ancien *dominus* de l'accessoire une
action utile destinée à lui faire obtenir au moins
une indemnité, sa chose elle-même ne pouvant
lui être rendue.

Une fois dans cette voie, le Préteur dut aller
plus loin ; aussi voyons-nous qu'il créa une action
générale *in factum* pour tous les cas où l'accession
opérée par le possesseur de la chose d'autrui l'aurait enrichi en faisant disparaître la *rei vindicatio*
du propriétaire. « Item quæcunque aliis juncta
sive adjecta accessionis loco cedunt, ea quamdiu
cohærent dominus vindicare non potest ; sed ad
exhibendum agere potest ut separentur, et tunc
vindicentur, scilicet excepto eo quod Cassius de
ferruminatione scribit. Dicit enim, si statuæ suæ
ferruminatione junctum brachium sit, unitate
majoris partis consumi, et quod semel alienum
factum sit, etiamsi inde abruptum sit, redire ad
priorem dominum non posse. Non idem in eo
quod adplumbatum sit, quia ferruminatio per
eamdem materiam facit confusionem, plumbatura
non idem efficit. Ideoque in omnibus his casibus
in quibus neque ad exhibendum, neque in rem

dominus de cette *species* absorbée par accession a contre lui.
— Cpr. également, § 34, I., *De rer. div.*, 2, 1.— L. 9, § 2, D.,
De adq. rer. dom., 41, 1.

locum habet, *in factum actio* necessaria est (3)... »

En dehors de ces cas d'accession nous ne trouvons pas d'action prétorienne permettant d'agir contre le possesseur de la chose d'autrui qui s'est enrichi en la consommant ou en l'aliénant. On voit donc que le recours du droit prétorien ne portait que sur quelques cas particuliers.

Quant à l'objet de l'action *in rem utile* ou *in factum*, il est assez difficile de le préciser, vu le silence des textes à cet égard. Mais en prenant en considération que ces actions avaient pour base l'équité, on est autorisé à supposer qu'elles ne permirent point au *dominus* de l'accessoire de réclamer au possesseur de la chose principale une indemnité plus forte que l'enrichissement qu'il avait réellement retiré de l'accession.

§ 2.

Bientôt le droit civil vint apporter un remède plus général à la situation défavorable du *dominus* privé de sa chose par une accession, une transformation, une aliénation ; et ce remède fut la *condictio sine causa.*

Voici l'hypothèse la plus probable sur la manière dont cette action s'introduisit dans le droit romain.

Au temps des *legis actiones*, une loi *Silia*, rendue vers le milieu du sixième siècle de la fonda-

(3) L. 23, § 5, D., *De rei vind.*, 6, 1.

tion de Rome (1), avait créé une forme particulière pour agir en justice contre celui que l'on prétendait être son débiteur *certæ pecuniæ*. Ce mode de procéder, nommé *actio per condictionem*, fut étendu peu de temps après par la loi *Calpurnia* à toute créance *certæ rei*. Le but de ces deux lois fut sans doute de simplifier la procédure (2) dans des contestations où, l'objet du procès étant parfaitement déterminé, le juge n'avait qu'à adjuger purement et simplement la demande, ou à la rejeter sans pouvoir y faire aucune modification.

Lorsque la procédure formulaire vint succéder aux *legis actiones*, on continua à appliquer le nom de *condictiones* aux actions données dans les cas où l'on aurait pu agir auparavant *per condictionem*. On étendit même bientôt par analogie ce nom à d'autres actions personnelles, extension qui peut s'expliquer de la manière suivante :

Les *legis actiones per condictionem* avaient pour fondement des contrats en vertu desquels l'une des parties, après avoir diminué son patrimoine en donnant à l'autre une somme d'argent ou une chose quelconque, devait réparer ultérieurement cette diminution de fortune en recouvrant une certaine somme ou un objet bien déterminé. C'était le retard apporté par l'autre partie à lui en

---

(1) Voir Demangeat, *Cours élémentaire*, II, p. 465.—Ortolan, *Explication historique des Institutes de l'empereur Justinien*, III, §§ 1871, 1877 et suiv.

(2) Cpr..., Bonjean *Traité* I, § 154, p. 395; II, § 289, p. 221.

transférer la propriété qui donnait lieu à la *con-dictio*. Aussi la situation de fait qui se présentait lorsque cette action était introduite pouvait-elle se résumer ainsi : augmentation d'un patrimoine au détriment d'un autre patrimoine, résultant de ce que le *dominus* du premier détenait à tort une chose dont il aurait dû transférer la propriété au *dominus* du second. Eh bien ! c'est parce que d'autres situations présentaient les mêmes caractères extérieurs, que la *condictio* leur fut étendue, et voici comment.

Dans l'ancien droit, lorsqu'une personne, sans avoir passé de contrat avec une autre, lui avait donné quelque chose, parce qu'elle croyait être sa débitrice, ou parce qu'elle voulait que la chose donnée fût employée à un usage déterminé, ou enfin parce qu'elle espérait une contre-prestation, cette autre personne ne pouvait être contrainte à une restitution en cas d'inexistence de la dette ou de non-réalisation du but que s'était directement proposé celui qui avait fait la dation. En effet, il n'existait point entre les parties de contrat reconnu par le droit civil et pouvant servir de fondement à une action (3). L'équité cependant demandait la restitution d'une chose détenue désormais sans motif, et sous son influence toujours croissante, on reconnut bientôt la nécessité de la faire obtenir au moyen d'une action. Seulement comme la

______

(3) La revendication était impossible, la propriété ayant bien passé à la personne à laquelle la dation avait été faite.

situation des parties rappelait exactement celle de créanciers et de débiteurs liés par un contrat de prêt, qu'ici comme là il y avait un accroissement d'un patrimoine au détriment d'un autre patrimoine résultant de ce que le *dominus* du premier, après une dation qui lui avait été faite, retenait à tort une chose dont il aurait dû transférer la propriété au *dominus* du second, on étendit au cas qui nous occupe la *condictio*, au lieu de créer une action nouvelle. C'est de cette extension opérée par l'usage et les *responsa prudentium* que naquirent les *condictiones indebiti, causa data causa non secuta, ob injustam causam, sine causa.* « Hæc condictio ex bono et æquo introducta, quod alterius apud alterum sine causa deprehenditur *rcvocare consuevit* » (4).

Bientôt même, l'équité faisant faire un pas de plus au droit civil, on accorda une *condictio sine causa* dans des cas où il n'y avait pas eu de dation de la part du demandeur, mais où l'on trouvait d'ailleurs les mêmes circonstances que dans les autres applications des *condictiones*, c'est-à-dire un accroissement d'un patrimoine avec diminution d'un autre patrimoine résultant de ce qu'une des parties détenait une valeur qu'elle n'avait aucun motif juridiquement suffisant de garder. Et voilà comment la *condictio sine causa* put être donnée dans tous les cas où une personne s'était enrichie aux dépens d'autrui en transformant, en consom-

(4) L. 66, D., *De cond. ind.*, 12, 6.

mant, ou en aliénant une chose dont elle avait eu la possession (5).

Pour les cas particuliers dans lesquels le Préteur avait accordé une action utile ou *in factum*, la *condictio* venait concourir avec cette action, et nous voyons ainsi le droit civil sanctionnant et complétant l'œuvre commencée par le droit prétorien.

Plusieurs textes formels nous donnent des exemples d'application de la *condictio sine causa* aux cas que comprend ce chapitre.

Voici ce que disent les Institutes pour un accroissement de patrimoine résultant d'une accession : « Si tamen alienam purpuram vestimento suo quis intextuit, licet pretiosior est purpura, accessionis vice cedit vestimento, et qui dominus fuit purpuræ, adversus eum qui subripuit, habet furti actionem et condictionem, sive ipse sit qui vestimentum fecit, sive alius. Nam extinctæ res *licet vindicari non possint, condici tamen a furibus et quibusque* aliis possessoribus possunt » (6).

Pour une spécification, Gaius n'est pas moins explicite : « Idque maxime diversæ scholæ auctoribus visum est : sed eum quoque cujus materiæ et substantia fuerit, furti adversus eum qui subripue-

---

(5) On comprend sans peine que dans ce développement de la *condictio*, la sphère de ses applications dut également être étendue quant à l'objet du procès; et, en effet, elle put être donnée lorsque la contestation portait sur un *incertum*, et plus seulement lorsqu'il s'agissait d'une *certa pecunia* ou d'une *certa res*. Quant au pouvoir du juge, il ne fut point modifié, et les *condictiones* restèrent des *actiones stricti juris*. Cpr. M. Ortolan, *Explication*, III, § 1986.

(6) § 26, J., 2, 1.

rit habere actionem ; nec minus adversus eumdem
condictionem ei competere, quia extinctæ res
licet vindicari non possint, *condici* tamem a furibus
et *quibusdam aliis possessoribus possunt* (7). »

(7) Gaius, II, 79. — Deux observations sont ici nécessaires :
1° Comment expliquer le mot *quibusque* du premier texte
comparé au *quibusdam* du second ? N'y a-t-il pas là une contradiction d'autant plus singulière que le § 26 des Institutes
est presque littéralement copié du § 79 des Commentaires de
Gaius ? Cette différence peut s'expliquer aisément par la com-
paraison attentive des deux passages.

Au § 79 Gaius commence par examiner la question de propriété en matière de spécification. Il relate les différentes opinions des jurisconsultes qui, les uns, l'attribuent au spécificateur, les autres au *dominus materiæ*, puis il arrive à l'examen
des actions applicables en pareil cas, et il déclare qu'outre le
voleur, certains possesseurs peuvent être actionnés par une
condictio. Il veut parler des spécificateurs qui détiennent la
nova species, et se sont ainsi enrichis aux dépens d'autrui, la
propriété de la *nova species* leur appartenant d'après l'opinion
proculéienne. Mais pour éviter toute confusion, et bien préciser que tous les possesseurs ne sont pas soumis à cette action, que, par exemple, ce qu'il dit ne devrait pas s'appliquer
au spécificateur dans l'opinion sabinienne qui, perdant son
opera, aurait enrichi autrui à ses dépens, il se sert de l'expression bien limitative de *quibusdam*.

Au § 26 des Institutes, au contraire, les rédacteurs ne s'occupent pas de la question de propriété. Elle est tranchée pour
eux ; ils recherchent simplement si la *condictio* doit être accordée contre une personne qui s'est enrichie par une accession dont elle a été elle-même l'auteur. Avant de trancher la
question, les rédacteurs remarquent qu'en cas de dol il y aurait toujours lieu à *condictio*, que le voleur y serait exposé
alors même qu'il n'aurait pas été l'auteur de l'adjonction.
Puis, se contentant de relever cette particularité sans s'occuper
plus à fond de cette *condictio* qui est la *furtiva*, ils reprennent
leur idée et décident qu'on devra pouvoir agir par *condictio*
contre tous ceux dont ils s'occupent, c'est-à-dire tous ceux
qui se sont enrichis en joignant par accession la chose d'autrui à la chose principale qu'ils possèdent. Pour le § 26, aucune confusion n'est possible, et voilà pourquoi ils n'hésitent

Enfin, plusieurs textes du *Corpus juris* parlent
de cette *condictio* pour les accroissements de patrimoine provenant de la consommation ou de l'aliénation de la chose d'autrui. « Si eum servum qui
tibi legatus sit, quasi mihi legatum possederim et
vendiderim, mortuo eo, posse te mihi pretium
condicere Julianus ait, *quasi ex re tua locupletior
factus sim* (8). »

pas à dire *quibusque possessoribus,* et non *quibusdam,* comme
Gaius.

2° Les mots du § 26 : « Sive ipse sit qui vestimentum fecit,
sive alius, » viennent d'un côté pleinement confirmer les règles que nous avons posées, et permettent d'autre part d'é-
carter une objection contre notre théorie que pourrait faire
naître la lecture des lois 5, § 3, D., *De rei vind.,* 6, 1, et loi 23,
§ 5, *eod.,* citées plus haut.

Ils confirment les règles que nous avons admises, car aux
motifs déjà indiqués, ils viennent ajouter une preuve de plus,
que sauf le cas de vol, la *condictio* n'était pas possible lorsque
l'accroissement de patrimoine avait été opéré par une autre
personne que celle qui en bénéficiait.

Ils enlèvent toute force à l'objection qui consisterait à dire
qu'il n'y a aucune raison de restreindre à une adjonction faite
par celui qui en profite l'application des actions dont parlent
les lois 5 et 23, ces textes ne contenant aucune limitation de
cette nature. En effet, le droit civil a suivi l'équité pour le
développement des *condictiones* ainsi que nous le prouve la
loi 66, D., *De cond. ind.,* 12, 6. Il serait donc surprenant qu'il
n'ait pas étendu la *condictio sine causa* à une accession faite
par un tiers, si le droit prétorien avait en pareil cas donné
une *in factum* ou une *utilis actio.* Cependant la phrase du
§ 26 prouve à n'en pas douter qu'il n'y avait point de *condictio* donnée pour une adjonction faite dans ces conditions. Il y
a donc les plus puissants motifs de croire que les actions *in
factum* ou *utile* étaient également limitées aux situations que
nous avons indiquées, bien que cette restriction ne ressorte
pas avec évidence des lois 5 et 23.

(8) L. 23, D., *De reb. cred.,* 12, 1

On voit que la solution donnée par Africain vient
point pour point à l'appui de tout ce que nous
avons dit. Aussi longtemps que la *vindicatio* est
possible pour le légataire, pas de *condictio;* lorsque
la mort de l'esclave fait disparaître cette ressource,
et vient ainsi mettre le légataire en perte, alors
seulement, possibilité pour lui d'exercer une *condictio sine causa*, action donnée, nous dit le jurisconsulte, parce qu'une personne s'est enrichie
par son fait, aux dépens d'autrui sans motif juridiquement suffisant.

La même règle se trouve formulée à la loi 30,
pr., D. *De act. empti vendit.*, 19, 1, qui porte :
« Secundum quæ dicendum, si nummos quos iste
servus mihi subripuerat, tu ignorans furtivos esse,
quasi peculiares ademeris, et consumpseris, *condictio* eo nomine mihi adversus te competat, quasi
mea res ad te sine causa pervenit. »

D'autres passages du Digeste la mentionnent
également : « Fugitivus autem vel alius servus
contra voluntatem domini credendo non facit accipientis. Quid ergo? Vindicari nummi possunt si
exstant, aut si dolo malo desinant possideri, ad
exhibendum agi. Quod si sine dolo malo consum-
sisti, *condici tibi poterunt* (9). » — « Servum tuum
imprudens a fure bona fide emi, is ex peculio,
quod ad te pertinebat, hominem paravit qui mihi
traditus est. *Posse te eum hominem mihi condicere*
Sabinus dixit... Cassius *veram opinionem Sabini*

(9) L. 11, § 2, D., *De reb. cred.*, 12, 1.

retulit, in qua ego quoque sum (10). » — « Si ab
alio donatam sibi pecuniam filius creditori solverit,
an pater vindicare vel repetere possit? Et ait Julianus si quidem hac conditione ei donata sit pecunia
ut creditori solvat, videri a donatore profectam
protinus ad creditorem et fieri numos accipientis ;
si vero simpliciter ei donavit, alienationem eorum
filium non habuisse, et ideo, si solverit, *condictionem
patri ex omni eventu competere* (11). »

(10) L. 24, § 1, D., *De act. empt. vend.*, 19, 1.
(11) L. 9, § 1, D., *De S.C. Maced.*, 14, 6. (Les mots *ex omni
eventu* signifient sans doute « quelle que soit la manière dont
l'argent a été consommé) ». —Il faut au sujet de cette loi citer
un autre passage du Digeste qui semble en contradiction avec
elle, la loi 14, *De reb. cred.*, 12, 1, qui porte : « Sed si fuerint
consumti a creditore numi, Marcellus ait, *cessare condictionem,* quoniam toties condictio datur, quoties ex ea causa nu-
merati sunt, ex qua actio esse potuisset, si dominium ad acci-
pientem transiisset; in proposito autem non esse. »
Plusieurs explications ont été données de ces textes, tous
deux d'Ulpien. Cujas y trouve une véritable antinomie (*Obs.*,
liv. 14, ch. 35), et admet comme juste l'opinion de Marcellus
qui refuse une action. Doneau, au contraire, cherche à concilier les deux lois. Il suppose que la première (9) se rapporte
au cas où celui qui a reçu le payement était de mauvaise foi,
la seconde (14) au cas où il a été de bonne foi. Cette opinion,
admise par Pothier, a été développée récemment par M. Machelard (*Des obligations naturelles en droit romain*, p. 114
et suiv.). Elle est un peu hypothétique, car rien dans la rédaction des textes ne la justifie; de plus, elle ne concilie pas entièrement les deux passages, car la raison donnée par Marcellus pour écarter la *condictio, raison qu'Ulpien semble
admettre,* s'appliquerait au prêteur qui saurait ne pas recevoir d'une personne *sui juris,* ou d'un fils autorisé par son
père à payer, aussi bien qu'à celui qui, croyant le contraire,
aurait été de bonne foi. Le premier recevant comme le second
le montant d'une obligation naturelle, n'aurait pas plus que

Le Code nous donne aussi des exemples de cette *condictio* : « Si præsidi provinciæ probatum fuerit Julianum nullo jure munitum servos tuos scientibus vendidisse, restituere tibi emptores servos jubebit. Quod si ignoraverint, et eorum facti sunt, pretium eorum *Julianum tibi solvere jubebit* (12). »

Une application frappante de la *condictio sine causa* se rencontre dans le cas où un possesseur de mauvaise foi a consommé les fruits du fonds qu'il détenait. Ici aussi, le propriétaire peut l'actionner par une *condictio*, parce que le possesseur de mauvaise foi s'est enrichi par son propre fait à ses dépens. « Post litem contestatam etiam fructus venient in hoc judicio, nam et culpa et dolus exinde præstantur ; sed ante judicium percepti, non omnino hoc in judicium venient ; aut enim bona fide percepit, et lucrari eum oportet si eos consumsit, aut mala fide et *condici* oportet » (13).

celui-ci été tenu d'une action si la propriété des espèces lui avait été transmise, et ne devrait par conséquent pas être soumis à une *condictio*.

Aussi croyons-nous qu'il faut préférer à cette manière de voir celle de Glück et de Sintenis, et admettre que Marcellus n'a entendu parler que de la *condictio ex mutuo*, et nullement de la *condictio sine causa*, qui reste possible. Sans doute cette explication est aussi assez hypothétique ; mais elle a l'avantage de concilier parfaitement les deux lois. Elle concorde d'ailleurs complétement avec tout ce que nous avons dit jusqu'à présent.

(12) C. 1, C., *De reb. alien. non alien.*, 4, 51. — Cpr. C. 1, C., *De com. rer. alienat.*, 4, 52.

(13) L. 4, § 2, D., *De fin. reg.*, 10, 1. — D'après M. Witte, *Die Bereicherungsklagen* (p. 303), la *condictio* des fruits perçus par un possesseur de mauvaise foi serait une *condictio furtiva*.

Quel était l'objet de la *condictio sine causa* dont nous venons de donner tant d'exemples? L'examen que nous avons fait de la manière dont cette action s'introduisit dans le droit romain, doit faire prévoir la réponse à cette question. Basée sur l'équité, et destinée à empêcher quelqu'un de s'enrichir aux dépens d'autrui, la *condictio sine causa* devait simplement forcer celui contre lequel elle était dirigée, à payer au demandeur une indemnité équivalente à l'accroissement réel du patrimoine qu'il avait retiré de la transformation, l'aliénation ou la consommation de la chose de ce demandeur. C'est d'ailleurs ce qui ressort avec évidence de la loi 23, *De rebus creditis*, qui motive expressément la *condictio* par ces mots, *quasi ex re tua locupletior factus sum.*

Quant au chiffre de la demande, il se déterminait en calculant la valeur, non-seulement de tout ce dont le patrimoine du défendeur s'était augmenté matériellement, mais encore de tout ce dont il aurait été diminué si son *dominus* n'avait

Mais la perception des fruits ne saurait constituer un vol, il n'y a pas dans cet acte la *contrectatio rei alienæ* dont parlent les textes pour qualifier le vol. (V. Gaius, III, 195.) Ce qui prouve d'ailleurs que cette *condictio* n'est pas la *furtiva*, c'est que la plupart des passages qui en parlent l'indiquent comme remplaçant la *rei vindicatio* devenue impossible par l'aliénation ou la consommation (C. 4, C., *De crim. expil. hered.*, 9, 32; L. 22, § 2, *De pign. act.*, 13, 7; C. 3, C., *De cond. ex lege.* 4, 9). Or le caractère tout spécial et distinctif de la *condictio furtiva* est de pouvoir être intentée alors qu'une *rei vindicatio* est encore possible (§ ult., 1., *De ob. q. ex delicto nasc.*, 4, 1).

pas été affranchi de certaines dépenses par la consommation ayant donné lieu à l'action.

On voit donc que pour les cas qui nous occupent, la *condictio sine causa* vint sanctionner pleinement la maxime : *Nemo cum damno alterius locupletari debet ;* et ainsi se trouve justifiée la règle que nous avons formulée au commencement de ce chapitre.

Mais comment peut-on expliquer que la *condictio sine causa* n'ait pas été étendue aux accroissements de patrimoine acquis aux dépens d'autrui dont nous avons parlé aux sections précédentes ? Pour ce qui est de la première section, on le comprend aisément. Celui qui, par sa faute, se trouve privé d'une partie de sa fortune, ne mérite guère de protection, ainsi que nous l'avons déjà fait remarquer, et voilà pourquoi la *condictio sine causa* ne lui fut jamais accordée. Pour la seconde, au contraire, la réponse est plus délicate. Il s'y trouve, en effet, des situations dans lesquelles la personne qui se voyait dépouillée d'une valeur était complétement innocente de cette perte, par exemple, lorsqu'elle était victime d'un délit. Il semble donc qu'en équité une protection lui était due, et que la *condictio sine causa* eût été un moyen tout naturel de la lui faire obtenir. En y regardant de près cependant, on se rend compte de la raison qui fit refuser ce secours.

Celui qui a été enrichi par l'intermédiaire d'un tiers n'a point directement causé de préjudice à la

personne dont la fortune s'est trouvée amoindrie,
c'est ce tiers seul qui l'a occasionné. Sous ce rapport, il se trouve dans une position bien différente
de celle d'un homme qui a accru sa fortune en
consommant ou en aliénant, car ce dernier a, par
son propre fait, occasionné une perte à l'ancien
propriétaire de la chose qu'il possédait; c'est lui
qui a rendu impossible l'exercice de la *rei vindicatio*. Contre celui-ci, l'équité exigeait un recours;
comment en effet laisser quelqu'un dépouiller un
tiers par ses propres actes? Contre celui-là, au
contraire, pareil motif de donner une action
n'existait point; bien plus, il n'y avait le plus souvent aucune raison équitable de lui retirer une
acquisition dont l'acte qu'il avait passé de bonne foi
avec le tiers formait un fondement juridique suffisant, et au sujet de laquelle il n'avait eu aucun
rapport avec la personne dont le patrimoine s'était
trouvé amoindri. Voilà ce qui explique pourquoi la
condictio sine causa ne fut pas étendue à cette
situation, et comment nous avons posé pour ce
chapitre une autre règle que pour la section
précédente.

La plupart des auteurs admettent que le propriétaire qui a éprouvé un préjudice par la transformation ou l'aliénation de sa chose, peut agir
par *condictio sine causa* pour obtenir une indemnité
de celui qui a opéré la modification et en a retiré
un avantage (14).

(14) Voir notamment Cujas, *Tract. ad. African*, II, *ad*

Nous devons cependant signaler une opinion contraire chez M. Witte (15). D'après cet auteur, pour qu'une *condictio* soit possible, il faut qu'une partie déterminée de la fortune d'une personne ait passé dans la fortune d'une autre personne, et que le maintien de cet état de choses soit sans fondement juridiquement suffisant, *sine causa*. Or, dit-il, le prix retiré de l'aliénation, ou l'économie résultant de la consommation, n'est point une partie déterminée d'un patrimoine étranger qui se trouve sans cause dans le patrimoine de celui qui a transformé ou aliéné, et par conséquent elle ne peut servir de base à une *condictio sine causa*. Il appuie cette solution de deux textes, la const. 8, C., *Deposit, vel contra*, 4, 34, d'après laquelle le déposant ne peut exercer que la *rei vindicatio* contre celui qui a reçu à titre de prêt du dépositaire la somme qui lui avait été remise en dépôt, et la loi 17, *De solut.*, 46, 3, qui pose en règle que le créancier qui a reçu comme payement de son débiteur de l'argent qui ne lui appartenait point, ne peut plus rien lui réclamer lorsqu'il a dépensé cet argent et s'est soustrait ainsi à la revendication du véritable propriétaire des deniers. D'après M. Vitte,

leg., 23, *De reb. cred.*, 12, 1. — Maynz, *Éléments*, II, § 359, p. 424. — De Savigny, *System...*, V. Beylage, 14, p. 254. — Puchta, *Pandekten...*, § 312, p. 463. — Unterholzner, *Lehre*, II, § 313, p. 20, not. a. — De Vangerow, *Lehrbuch...*, III, § 628, An. 3, p. 427. — Windscheid, *Lehrbuch...*, II, 2ᵉ Abt., § 424, not. 1.

(15) *Die Bereicherungsklagen*, p. 293 et suiv.

ces deux textes seraient concluants, le premier en ce qu'il refuse toute action, par conséquent aussi la *condictio sine causa*, lorsque la *rei vindicatio* ne peut plus être introduite ; le second, parce que le rédacteur du texte en justifiant sa décison par les mots : « *ne si aliter observaretur*, creditor in lucro versaretur, » montre que la possibilité d'une *condictio sine causa* qui, elle aussi, aurait empêché le créancier de recevoir deux fois, était bien loin de sa pensée.

Cette argumentation ne nous paraît pas très-concluante. D'abord pour ce qui est du fondement des *condictiones*, et il n'est point admissible qu'elles ne prennent naissance que lorsqu'une partie déterminée d'un patrimoine se trouve sans motif dans un autre patrimoine en ayant conservé son identité. Quelle est la base des *condictiones ?* C'est une augmentation d'un patrimoine n'ayant aucun fondement juridique, au détriment d'un autre patrimoine. Cela suffit, et il n'est point nécessaire que la valeur qui produit l'augmentation soit exactement de même nature que celle qui a disparu de la fortune amoindrie. Eh bien ! cette condition se trouve pleinement remplie dans les cas que nous avons examinés à ce chapitre, et par conséquent, la *condictio sine causa* leur est parfaitement applicable.

Et quant aux deux textes cités, ils sont, à notre avis, sans application à la question. Aucun des deux, en effet, ne présente d'exemple d'une personne dont la fortune se soit accrue. L'emprunteur reçoit sans doute de l'argent, mais il s'oblige, et le créancier qui est payé ne touche que ce qui lui est dû. Aussi n'y a-t-il pas dans ces passages de *locupletior factus;* et dès lors M. Witte n'est nullement autorisé à en tirer les conséquences qu'il expose.

Au surplus, les nombreuses exceptions que cet auteur est forcé d'admettre à la règle qu'il pose en montrent le peu de fondement.

CHAPITRE III.

Possession acquise à la suite d'un acte licite passé avec le *dominus* qui a éprouvé le préjudice. — *Utilis in rem actio, actio in factum.* — *Condictio sine causa.*

§ 1.

Lorsque le possesseur qui retirait un bénéfice de la transformation, l'aliénation, ou la consommation d'une chose, en avait obtenu la détention de son propriétaire lui-même, il semble que la règle que nous avons posée au chapitre II doive cesser de recevoir application. Ce propriétaire, en effet, n'avait-il pas à prendre les mesures nécessaires pour ne point souffrir de la transmission qu'il opérait ? Et s'il ne l'avait point fait, comment aurait-il pu, après coup, prétendre retirer au possesseur un accroissement de patrimoine que celui-ci pouvait avoir acquis de très-bonne foi ? Cependant il n'en est rien, et nous verrons que la règle relative à ce cas est la même que celle qu'on suivait lorsque la possession avait été transmise à la suite d'un acte passé avec un tiers. Cette singularité apparente s'explique aisément. La différence des deux situations n'est pas, en effet, aussi grande qu'elle le paraît au premier abord. Le *dominus* qui a transmis la détention peut n'avoir commis aucune imprudence ou négligence qui soit un motif suffisant de le priver d'un secours contre l'autre partie. Pour celle-ci, au contraire, de quelque manière que la possession lui soit arrivée, c'est toujours par son fait qu'elle aura causé un préjudice au *dominus;* ce sont ses actes qui auront rendu la *rei vindicatio* impossible, et par conséquent, si l'accroissement de patrimoine qui en est résulté manque de fondement juridique, il sera injuste de le laisser en profiter paisiblement.

Aussi croyons-nous pouvoir affirmer qu'ici encore on doit poser la règle générale suivante.

En droit romain, *chaque fois qu'une personne s'enrichissait aux dépens d'une autre, en aliénant ou en transformant sa chose, elle pouvait être actionnée jusqu'à concurrence du gain qu'elle avait réalisé, alors même que la détention de la chose lui avait été transmise par cette autre personne.*

Cette proposition se trouve déjà implicitement justifiée par les fragments que nous avons examinés au chapitre II. Quelques-uns des textes cités donnent, en effet, une action, sans même indiquer la

manière dont la détention a été transmise. C'est le
cas de tous les textes qui parlent de l'action prétorienne (1) et de plusieurs de ceux qui s'occupent de la
condictio sine causa (2). Et les autres, bien que parlant
de situations où il est certain que la tradition n'a
pas été faite par le propriétaire de la chose, ne contiennent rien qui puisse faire croire que les déci-
sions qu'ils renferment doivent être restreintes au
cas spécial de tradition faite par un tiers. Aussi
est-on autorisé à dire que les actions *in rem utile*,
in factum ou *condictio sine causa*, dont s'occupent
ces fragments, sont possibles tout aussi bien lorsque la possession a été transmise au détenteur par
le propriétaire lui-même, que lorsqu'elle l'a été
par un tiers.

§ 2.

A côté de cette justification implicite, il en est
une autre parfaitement expresse. Elle résulte de
plusieurs textes qui accordent une *condictio* dans
des circonstances où il est clairement indiqué que
c'est l'ancien *dominus* lui-même qui a livré la chose.
Voici en effet ce que dit Ulpien : « Si ego quasi
deponens tibi dedero, tu quasi mutuam accipias,
nec depositum, nec mutuum est. Idem est, et si tu

---

(1) L. 5, § 3, *De rei vind.* 6, 1. Gaius, II, 78, § 34, I., *De
rer. div.*, 2, 1 ; L. 9, § 2, *De adq. rer. dom.*, 41, 1 ; L. 23, § 5,
D., *De rei. vind.*, 6, 1.

(2) § 26, I., 2, 1, Gaius, II, 79 ; L. 4, § 2, D., *De fin. rey.*
10, 1.

quasi mutuam pecuniam dederis, ego quasi com-
modatum ostendendi gratia accepi. Sed in utroque
casu *consumtis nummis, condictioni* sine doli mali
exceptione locus erit (1). » Ainsi un propriétaire
remet à quelqu'un une certaine somme à titre de
dépôt, l'autre partie la reçoit croyant qu'on lui fait
un *mutuum ;* comme il y a erreur sur le contrat, il
n'y aura ni dépôt ni prêt véritable, et le propriétaire ne pourra point exercer les actions résultant
de pareils contrats. Il aura bien la *rei vindicatio*,
mais seulement aussi longtemps que les deniers
existeront en nature. Si celui qui les a reçus les
fait disparaître en les dépensant à son usage, il sera
à l'abri de cette action et pourrait ainsi s'enrichir
par son propre fait aux dépens d'autrui. C'est pour
éviter ce résultat que l'on accorde contre lui la
condictio sine causa.

Celsus nous donne un autre exemple d'une *condictio* accordée dans des conditions analogues : « Si
me et Titium mutuam pecuniam rogaveris, et ego
meum debitorem tibi promittere jusserim, tu stipulatus sis, quum putares eum Titii debitorem esse,
an mihi obligaris? Subsisto, si quidem nullum negotium mecum contraxisti ; sed propius est, ut obligari te existimem, non quia pecuniam tibi credidi
(hoc enim nisi inter consentientes fieri non potest)
sed quia pecunia mea quæ ad te pervenit *eam mihi
a te reddi bonum et æquum est* (2). »

(1) L. 18, § 1, D., *De reb. cred.*, 12, 1.
(2) L. 32, D., *De reb. cred.*, 12, 1.

Paul dit également : « Si servum indebitum tibi dedi, eumque manumisisti, si sciens hoc fecisti, teneberis ad pretium ejus; si nesciens, non teneberis, *sed propter operas ejus liberti, et ut hereditatem ejus restituas* (3). »

Enfin nous trouvons encore des applications de la *condictio sine causa* rentrant dans ce chapitre, à l'occasion de fruits consommés par un *malæ fidei possessor*. « Nam et si colonus post lustrum completum fructus perceperit, *condici eos constat*, ita demum si non ex voluntate domini percepti sunt ; nam si ex voluntate, procul dubio cessat condictio (4). »

Ces différents exemples prouvent bien que l'action était donnée aussi bien lorsque la possession avait été transmise par le *dominus* lui-même que lorsqu'elle l'avait été par un tiers. Notre opinion est d'ailleurs conforme à celle de tous les auteurs que nous avons cités au chapitre précédent (5), et qui ne font aucune différence entre les deux cas.

L'action étant la même que celle que nous avons examinée au chapitre II, toutes les explications que nous y avons données relativement à l'objet de la *condictio* doivent s'appliquer ici. Nous ne nous y arrêterons donc pas davantage et nous allons passer à la dernière de nos sections, à celle qui a

---

(3) L. 65, § 8, D., *De cond. ind.*, 12, 6. Cpr. L. 1, § 47, *Deposit., vel cont.*, 16, 3.

(4) L. 4, § 1, D., *De reb. cred.*, 12, 1.

(5) § 2, not. 14.

pour objet l'examen des cas où l'accroissement de patrimoine acquis aux dépens d'autrui est le résultat d'un fait de pur hasard.

SECTION IV.

ACCROISSEMENT DE L'UN DES PATRIMOINES AU DÉTRIMENT DE L'AUTRE RÉSULTANT D'UN FAIT DE PUR HASARD.

CHAPITRE I.

Actio in factum. — *Condiclio sine causa.*

§ 1.

Au point où nous sommes arrivé, il ne nous restera plus que peu de choses à dire pour terminer l'étude que nous avons entreprise.

Les cas dans lesquels un fait de pur hasard peut amener l'accroissement de la fortune d'une personne au détriment de celle d'une autre, ne sont pas très-nombreux, et il est facile de prévoir à quel ordre de faits ils se rattachent. C'est l'accession qui peut produire un pareil résultat.

Nous savons que l'accession fait passer la propriété de la chose accessoire au *dominus* de la principale, quelles que soient les circonstances dans lesquelles la réunion a été opérée. Dès lors, le

patrimoine du *dominus* de cette chose principale
s'accroîtra au détriment de celui de l'accessoire,
aussi bien lorsque l'adjonction sera l'œuvre de la
nature que lorsqu'elle aura été effectuée par l'un
des deux propriétaires ou par un tiers. Si cette
modification des fortunes est contraire à la volonté
de celui qui en souffre, on sera en présence d'un
locupletior factus cum damno alterius, avec toutes
les conditions supposées à cette section. Qu'un
arbre détaché avec un bloc de terre du fonds de
Titius par le courant du ruisseau qui le longe soit
transporté sur le champ de Seius, et y pousse des
racines, il deviendra la propriété de Seius, et si
cet événement n'a pas été connu de Titius, Seius
se trouvera enrichi à ses dépens. Voilà un exemple
d'un *locupletior factus cum alterius damno* à la suite
d'un simple fait de hasard.

Quelles actions le droit romain donnait-il à
celui qui avait eu ainsi à souffrir d'un événement
de la nature? Il est probable qu'à l'origine il ne
lui en donnait aucune. Mais l'équité vint bientôt à
son secours, et lui procura le moyen d'agir en
justice. Aussi pouvons-nous poser ici une règle
analogue à celle de la section III, et dire que
*chaque fois qu'une personne s'enrichissait aux dépens
d'une autre par un fait de pur hasard, elle pouvait
être actionnée jusqu'à concurrence du gain qu'elle
avait réalisé.*

Il est aisé de comprendre pourquoi l'on créa
des actions applicables aux cas que nous exa-

minons. A la vérité il n'y avait point, comme dans les situations dont nous avons parlé à la section précédente, la raison puissante d'un préjudice causé à l'une des parties par le fait personnel de l'autre, mais il existait un autre motif fort déterminant, c'est que, s'il n'avait point été donné de recours contre celui qui s'était enrichi, on l'aurait laissé jouir au préjudice d'autrui d'une acquisition qui n'aurait eu d'autre fondement juridique qu'un accident de la nature. Or le maintien d'une acquisition aussi peu justifiée en droit, eût été évidemment une iniquité, et voilà pourquoi on autorisa un recours judiciaire.

§ 2.

Ce fut sans doute le Préteur qui le premier vint porter remède à la situation dont il vient d'être question, en accordant à la personne lésée une action *utilis in rem*, et plus tard une action *in factum*. Il semble même qu'il ait fini par être très-large dans l'admission de cette *actio in factum*, car nous en trouvons un exemple dans lequel on est fort éloigné de pouvoir exercer une *rei vindicatio*. C'est Ulpien qui nous le fournit : « Si glans ex arbore tua, in fundum meum cadat, eamque ego immisso pecore depascam, Aristo scribit non sibi occurrere legitimam actionem qua experiri possim ; nam neque ex lege Duodecim Tabularum de pastu pecoris, quia non in tuo pascitur, neque de pauperie, neque damni injuriæ agi posse : *in factum itaque erit agendum* (1). »

Le droit civil vint ensuite, lui aussi, empêcher le résultat peu équitable que nous avons signalé en donnant une *condictio sine causa* à celui qui avait eu à souffrir de l'événement de la nature. Les explications dans lesquelles nous sommes entré sur le développement de cette action, permettent de voir immédiatement comment elle fut étendue aux situations qui nous occupent. Ces situations présentent en effet toutes les circonstances extérieures qui donnaient naissance à l'ancienne *condictio*, c'est-à-dire un accroissement de patrimoine avec diminution d'un autre patrimoine résultant de ce qu'une des parties détient une valeur qu'elle n'a aucun motif juridiquement suffisant de garder ; aussi dut-on leur appliquer tout naturellement, par analogie, la *condictio sine causa*.

La possibilité d'agir par cette *condictio* dans les cas qui font l'objet de cette section, se trouve établie catégoriquement par Ulpien. Voici ce qu'il nous dit : « Ea quæ vi fluminum importata sunt, *condici possunt.* » (2)

Nous avons fait observer que les accroissements de patrimoine par suite d'accidents de la nature étaient assez rares ; aussi trouvons-nous peu de textes qui s'en occupent, et ne pouvons-nous pas

(1) L. 14, § 3, D., *De præscriptis verb.*, 19, 5.
(2) L. 4, § 2, *De reb. cred.*, 12, 1.

multiplier les exemples à l'appui de notre règle. Mais nous pensons que les deux passages cités sont assez formels pour la justifier pleinement. Elle est d'ailleurs reconnue par tous les auteurs mentionnés à la note 14, § 2, chap. II de la section III (3).

Les actions *in rem utile*, *in factum*, et *condictio sine causa* dont il vient d'être question étant les mêmes que celles dont nous avons parlé à la section précédente, nous renverrons simplement pour tout ce qui concerne leur portée et leur objet aux explications que nous y avons données.

(3) M. Witte (*Bereicherungsklagen*, p. 334) lui-même admet, pour les cas compris dans cette section, la faculté d'agir par *actio in factum*, et par *condictio sine causa*.

CONCLUSION.

De tout ce que nous avons vu dans cette étude, il ressort clairement que jamais la maxime : *Nemo cum damno alterius locupletior fieri debet*, n'a eu en droit romain force de loi absolue. Si le principe d'équité qu'elle proclame a puissamment contribué à développer certaines institutions, si quelquefois même il a servi de fondement à des actions nouvelles, il n'en est pas moins certain que dans beaucoup de cas il est demeuré sans application, et que jamais il n'a été reconnu comme créant un quasi-contrat, emportant toujours une obligation civile de restitution.

DROIT FRANÇAIS.

BIBLIOGRAPHIE.

BUFNOIR. *Théorie de la condition dans les divers actes juridiques suivant le droit romain.* 1 vol. in-8. Paris (Cotillon).   1866

BUGNET. *OEuvres de Pothier.* 10 vol. in-8. Paris (Cosse).   1845

COLMET DE SANTERRE. *Cours analytique de Code civil par Demante, continué depuis l'article* 980. 5 vol. in-8. Paris (Plon).   1850

DELVINCOURT. *Cours de Code civil.* 3 vol. in-4. Paris (Videcoq).   1834

DEMANTE. *Programme du cours de droit français de la Falculté de droit.* 3 vol. in-8. Paris (Thorel).   1840

DEMOLOMBE. *Traité des contrats ou des obligations conventionnelles.* 3 vol. in-8. Paris (Durand).   1868

DURANTON. *Cours de droit français suivant le Code civil.* 21 vol. in-8. Paris (Gobelet).   1828

LAROMBIÈRE. *Théorie et pratique des obligations.* 5 vol. in-8 Paris (Durand).   1858

LOCRÉ. *La législation civile, commerciale et criminelle de France, ou commentaire et complément des Codes français.* 31 vol. in-8. Paris (Durand).   1828

MARCADÉ. *Cours de droit civil français.* 6 vol. in-8. Paris (Cotillon).   1850

MERLIN. *Recueil alphabétique de questions de droit.* 8 vol. in-4. Paris (Garnery). 1827

PONT. *Traité des petits contrats.* 2 vol. in-8. Paris (Cotillon). 1863

POTHIER. *Traité des obligations,* t. I, II (éd. Suffrein).
— *Traité du prêt de consomption et des matières qui qui y ont rapport,* t. V (éd. Suffrein). 18 vol. in-8. Paris (Chanson). 1821

TOULLIER. *Le droit civil français suivant l'ordre du Code.* 14 vol. in-8. Paris (Renouard). 1830

DROIT FRANÇAIS

DE L'ACTION EN RÉPÉTITION DE L'INDU ET DE QUELQUES AUTRES ACTIONS ANALOGUES.

NOTIONS GÉNÉRALES. — DIVISION DU SUJET.

§ 1.

Dans la première partie de notre travail nous avons mentionné, sans les examiner en détail, plusieurs cas d'accroissement du patrimoine d'une personne aux dépens d'une autre, résultant d'un acte juridique de cette dernière (1). Nous allons maintenant nous occuper de quelques-unes de ces situations en droit français, et voir quand notre législation donne une action en répétition à celui qui se trouve privé d'une partie de son patrimoine

(1) Sect. I, ch. I, § 1,

par un payement qu'il a fait sans cause à une autre personne.

Avant d'entreprendre cette étude, il importe, pour en déterminer les limites, de fixer le sens que doivent y avoir les mots *payement fait sans cause.*

§ 2.

Sensu lato, le *payement* est « l'accomplissement réel de ce qu'on s'est obligé de donner ou de faire (1). » Mais cette définition, qui indique d'ailleurs parfaitement le sens technique de l'expression payement (2), ne peut entièrement convenir ici. Nous n'emploierons, en effet, ce mot qu'en y rattachant l'idée d'une obligation de donner ; d'un autre côté, nous nous en servirons pour des cas où nul engagement n'existe, et où celui qui livre une chose *se croit* simplement tenu. Nous pouvons donc dire que, par payement, nous désignerons *toute délivrance d'une chose sur laquelle on n'entend conserver aucun droit, faite avec l'intention d'accomplir une obligation quelconque.*

La cause peut se définir d'une manière générale : un motif reconnu en droit comme suffisant pour servir de base à un acte juridique. Dans le paye-

____

(1) Pothier, *Traité des obligations*, II, n° 494.

(2) Cette définition s'applique aussi bien à l'obligation de ne pas faire qu'à celle de faire. En effet, dans une obligation de ne pas faire, le débiteur en n'agissant pas contrairement à son engagement, *accomplit ce qu'il s'est obligé de faire.*

ment que le droit considère comme l'accomplissement d'une obligation, la cause est la réalité de
l'obligation à laquelle il répond, et par conséquent,
s'il n'existe point d'obligation, le payement *sera
sans cause.*

On comprend que ce résultat doive se produire
non-seulement lorsque le payement ne correspond
en fait à aucune obligation, mais encore lorsqu'il
correspond à une obligation qui n'est pas reconnue
en droit comme obligation naturelle ou civile. Nous
ne pouvons, à cet égard, rappeler toutes les conditions nécessaires à la formation et à l'existence
des obligations ; mais nous en examinerons une
relative aux obligations conventionnelles, parceque
son nom pourrait prêter à confusion. C'est celle
que le Code Napoléon désigne sous le nom de cause.

§ 3.

D'après les explications qui précèdent, il semble
que, par l'expression *cause* d'une obligation conventionnelle, on doive entendre le consentement
des parties, qui suffit le plus souvent chez nous à
créer une obligation civile ; et l'on serait d'autant
plus porté à le croire que les Romains appelaient
précisément *causa civilis vel obligandi* les forma-
lités ou les faits qui donnaient la force civile aux
obligations conventionnelles (1). Cependant, dans

(1) « Sed cum nulla subest causa, propter conventionem hic
constat non posse constitui obligationem. » (L. 7, § 4, D., *De
pactis*, 2, 14.)

le Code Napoléon, le mot n'est pas pris dans ce
sens, et il suffit, pour s'en convaincre, de remarquer que les rédacteurs l'ont employé pour désigner une condition devant exister à côté du consentement (2). Mais alors quelle signification faut-il
y attacher ? Il est assez difficile de le dire, surtout
en présence de l'identité établie par les articles 1131
et 1132 entre la cause des obligations et la cause
des conventions.

Quelques auteurs ont voulu définir la cause des
obligations dans le sens du Code : le motif qui, dans
un contrat, a porté les parties à s'engager (3). Nous
croyons cette définition un peu trop large en ce que
bien des mobiles peuvent déterminer une personne
à s'engager sans pour cela constituer la cause de
son obligation. Dans un contrat de vente, par
exemple, la cause de l'obligation de payer le prix
est, de l'avis de tous, la volonté pour l'acheteur
d'acquérir la propriété d'une chose. Mais supposons
que l'acheteur ait eu l'intention de faire un présent
de l'objet qu'il allait acquérir ; cette volonté de
donner ne sera-t-elle pas, en réalité, le motif qui
l'a porté à s'engager ? Et dès lors ne devrait-on
pas, d'après la définition indiquée, croire que la
cause de son obligation de payer le prix est une

(2) La section IV du chapitre II intitulé : Des conditions es-
sentielles pour la validité des conventions, porte pour titre :
De la cause, et la section I du même chapitre : *Du consentement.*

(3) Toullier, *le Droit civil français*, VI, n° 166. Delvincourt,
Cours de Code civil, II, p. 472.

intention de libéralité? Cette solution cependant serait contraire à toutes les opinions.

Aussi à cette définition en préférons-nous une autre, analogue à celle que nous avons donnée de la cause en général, et d'après laquelle nous dirons que la cause d'une obligation conventionnelle est un *motif juridiquement suffisant pour déterminer une personne à s'engager* (4).

Quels sont les motifs auxquels le droit reconnaît ce caractère? Ils varient suivant la nature des contrats par lesquels on a voulu s'engager, mais peuvent se ramener aux deux grandes catégories suivantes déjà indiquées par Pothier (5).

Dans les contrats de bienfaisance, le Code reconnaît comme un motif suffisant d'engagement *l'intention de conférer un bienfait, de rendre un service.*

Dans les contrats intéressés, il attribue cette qualité à *l'avantage que doit retirer de la convention chacun des contractants.* Cet avantage peut avoir une double forme : il consistera, soit dans une prestation à recevoir de l'autre partie, soit dans la libération d'une obligation antérieure.

Mais pour qu'une obligation ait une cause valable, il ne suffira point que la personne qui s'engage ait été déterminée à s'obliger par l'un des

(4) Les Romains prenaient également le mot *causa* dans ce sens. L. 65, § 1, D., *De cond. ind.*, 12, 6. — Cpr. Duranton, *Cours de droit francais suivant le Code civil*, X, n° 325.

(5) Pothier, *Traité des obligations*, I, n° 42.

motifs que nous venons d'indiquer, et qui consti-
tuent, en quelque sorte, une cause au point de
vue abstrait ; d'autres conditions doivent être rem-
plies. Il faudra, d'un côté, que ce motif déterminant puisse subsister pour celui qui s'oblige, et
soit conforme à la réalité des choses ; il faudra,
d'un autre côté, qu'il corresponde en fait à une
libéralité, à une prestation, ou à une obligation
autorisée par la loi, et conforme aux bonnes mœurs
et à l'honnêteté.

Cette observation permet de comprendre la différence des expressions *obligation sans cause, sur
une cause fausse, sur une cause illicite*, que l'on
rencontre dans les textes.

1° Une obligation sera sans cause lorsque le
motif qui a poussé le contractant à s'engager ne
peut plus subsister, ou n'est pas conforme à la
réalité des choses.

Ce résultat peut être amené de différentes ma
nières.

Dans un contrat gratuit, il se produira, par
exemple, lorsque la promesse de donner aura été
subordonnée à une condition qui ne s'est point
accomplie. Tel serait le cas d'une promesse de dot
faite en vue d'un mariage qui n'aurait point été
célébré.

Dans un contrat à titre onéreux ayant pour objet
une contreprestation à recevoir, l'effet indiqué se
présenterait si la prestation ne pouvait se réaliser.
C'est ce qui arriverait, par exemple, dans l'obli–

gation de payer un prix de cession pour un brevet portant sur une invention non susceptible d'être brevetée (6).

Enfin, dans un contrat onéreux ayant pour objet la libération d'une obligation antérieure, il se rencontrerait, si l'obligation à éteindre n'avait jamais existé, ou avait cessé d'exister. Cela aurait lieu notamment, dans l'obligation de payer une dette déjà acquittée, ou une dette résultant d'un contrat annulé (7).

Il faut remarquer cependant ici que la volonté de se libérer d'une dette naturelle suffirait à constituer une cause valable d'obligation (8). On devrait même, dans certains cas, attribuer cet effet au désir de remplir un devoir simplement dicté par un scrupule de conscience ou un sentiment de délicatesse. Ainsi, il faudrait le reconnaître pour l'engagement d'indemniser quelqu'un du préjudice que lui aurait fait éprouver un contrat parfaitement synallagmatique non susceptible d'être rescindé pour lésion; ou pour la promesse de compléter un payement effectué valablement, mais au

(6) Arrêt de rejet 15 juin 1842, Dalloz 1842, 1, 271. — Rejet 22 août 1844, Dalloz, 1844, 1, 358.

(7) Paris 7 ventôse an XI. Sirey Ire série, I, Trib. d'appel, 116.

(8) Les Romains reconnaissaient déjà cet effet à l'obligation naturelle en disant que la novation pouvait la transformer en une obligation civile. L. 1, § 1; D., *De nov.*, 46, 2. — Cette solution est généralement admise. Cpr. Pothier, n° 589; —Duranton, X, n° 367 et suiv.;—Larombière, *Théorie et pratique des obligations*, art. 1235; — Demolombe, *Traité des contrats et des obligations conventionnelles*, **XXIV**, n° 351.

moyen de valeurs qui auraient depuis le règlement subi une grande dépréciation (9).

2° Une obligation reposera sur une fausse cause lorsque celui qui s'est engagé l'aura fait en vertu d'une cause qui n'existait pas en réalité, et qu'il croyait exister (*cause erronée*), ou lorsque les parties auront indiqué dans leur engagement une cause qu'elles savaient ne point exister (*cause simulée*).

Le premier de ces cas se confond avec celui de l'obligation sans cause. Nous en trouvons un exemple dans un billet souscrit par une personne, en payement de marchandises qu'elle croirait avoir reçues, et qui ne lui auraient point été livrées en réalité, billet sur lequel elle aurait inscrit la mention valeur reçue en marchandises.

Le second, au contraire, s'en distingue. A côté de la fausse cause indiquée, il peut parfaitement en exister une autre qui, le plus souvent, rentrera dans la classe des causes illicites dont nous allons parler à l'instant, mais qui sera quelquefois valable. C'est ce qui aurait lieu, par exemple, pour l'obligation résultant d'un contrat rédigé sous forme de prêt, et qui serait en réalité un cautionnement (10). Le prêt indiqué comme cause de l'obligation de payer une somme, serait bien une fausse cause, mais la volonté de cautionner, cor-

(9) Req. rej., 10 déc. 1851. Sirey 1852, 1, 11. — Grenoble, 25 août 1809. Sirey 1810, 2, 353.

(10) Req. rej., 13 mars 1854. Dalloz, 1854, 1, 248.

respondant en réalité à l'engagement, serait une cause et une cause suffisante d'obligation.

3° Une obligation aura une cause illicite lorsque celui qui l'a contractée aura voulu, soit faire une libéralité prohibée, soit obtenir une prestation consistant dans un fait ou une abstention défendue par les lois, contraire aux bonnes mœurs ou à l'ordre public, soit enfin se libérer d'une obligation antérieurement contractée dans des conditions analogues, c'est-à-dire ayant elle-même une cause illicite (11).

Toutes les obligations dérivant de contrats à titre gratuit qui contiennent des libéralités en faveur de personnes auxquelles le donateur, par des motifs d'ordre public, ne pouvait rien donner, ou ne pouvait le faire que dans des limites qui ont été dépassées, sont sur une cause illicite. Ce caractère serait d'ailleurs toujours le même, que la cause soit exprimée, sous-entendue, ou déguisée sous une cause simulée. Nous aurions l'exemple d'une obligation de cette nature dans l'engagement résultant d'une donation faite par une veuve à un fils qui n'aurait besoin d'aucun secours, et dont la situation d'enfant adultérin se trouverait établie par le désaveu du mari de la donatrice.

---

(11) Le Code Napoléon est plus explicite sur cette cause que sur la fausse cause. Il la définit à l'article 1133, qui porte : « La cause est illicite quand elle est prohibée par la loi, quand elle est contraire aux bonnes mœurs ou à l'ordre public. »

Dans les contrats à titre onéreux, les prestations rendant la cause illicite pourront avoir des caractères assez divers. Elles consisteront, tantôt en l'accomplissement de faits punis par les lois pénales, tantôt en actes prohibés par des lois civiles d'ordre public ou des lois constitutionnelles, mais non punis, tantôt enfin, en faits d'omission ou de commission non prévus par les lois, mais simplement réprouvés par la morale publique.

A la première classe se rattacherait, par exemple, l'obligation de donner une certaine somme promise pour commettre un faux, ou l'engagement de récompenser l'introduction en France de marchandises prohibées (12).

A la seconde, les obligations résultant de conventions ayant pour objet la transmission de fonctions publiques, ou les engagements portant sur des successions non encore ouvertes (13).

A la troisième, des promesses d'argent souscrites par un individu à une personne pour la déterminer à avoir avec lui des relations contraires aux bonnes mœurs (14).

Enfin, dans les contrats à titre onéreux ayant pour objet la libération d'une obligation, la cause serait illicite chaque fois que l'obligation qu'il s'agirait d'éteindre présenterait l'un des caractères

---

(12) Bastia, 21 décembre 1830. Dalloz, 1831, 2, 204.
(13) Paris, 4 février 1863. Sirey, 1863, 2, 56.
(14) Riom, 11 août 1846. Dalloz, 1846, 2, 180.

que nous venons d'indiquer comme constituant une cause illicite.

La cause illicite et la cause erronée sont rangées sur la même ligne que l'absence de cause. Le Code dit en effet formellement à l'article 1131 que l'obligation sans cause, sur une cause fausse, sur une cause illicite ne peut produire aucun effet (15).

Ainsi une obligation sans cause valable est non avenue aux yeux de la loi ; elle est comme inexistante. Et cette observation fait comprendre comment nous avons pu parler d'une confusion relativement à l'expression de cause. Nous savons, en effet, qu'un payement est sans cause, aussi bien lorsqu'il ne correspond à aucun engagement, que dans le cas où il répond à une obligation qui existerait bien en fait, mais qui ne serait pas reconnue par le droit. Or tel est précisément le sort d'une obligation sans cause valable. Il en résulte que, lorsque l'on dit qu'un payement est sans cause, on prend cette expression tantôt dans un sens général, tantôt dans une acception spéciale. *Lato sensu*, elle désignera le payement ne répondant à aucune obligation soit légale, soit contractuelle. *Stricto sensu*, elle caractérisera le payement fait pour

---

(15) L'article 1131 ne fait aucune différence entre la cause erronée et la cause simulée ; il dit d'une manière générale que l'obligation sur une fausse cause est sans effet. D'après ce que nous venons de dire de la cause simulée, il est évident que cette expression est trop large, car la fausse cause cachant une cause valable ne vicie pas la convention, et n'empêche pas l'obligation qui en résulte d'être parfaitement valable.

éteindre une obligation inexistante pour le motif spécial de défaut de cause. Cette signification en quelque sorte double aurait pu donner lieu à des confusions, par exemple, en faisant croire que le payement sans cause est toujours relatif à une obligation conventionnelle ; aussi, pour éviter toute erreur, avons-nous cru devoir rappeler immédiatement les principes généraux sur la cause des obligations, d'autant plus que le payement sans cause par suite d'un défaut de cause valable dans l'obligation à laquelle il se rapporte, est de la plus grande importance dans notre matière.

§ 4.

Maintenant que nous avons déterminé le sens des expressions payement sans cause, nous allons voir quels sont les principes de notre législation relativement à l'action en répétition à laquelle peut donner lieu un payement de cette nature. A cet égard nous croyons que l'on peut poser une règle générale, et dire que *chaque fois qu'une personne s'est enrichie aux dépens d'une autre au moyen d'un payement fait sans cause (latissimo sensu), elle peut être soumise à une action en répétition.*

Cette règle se trouve consacrée par des articles formels du Code Napoléon pour les cas où il y a eu erreur chez celui qui a payé ; et elle se déduit, pour les autres circonstances, des dispositions des lois romaines que viennent confirmer plusieurs articles exprès du Code Napoléon.

Nous commencerons par nous occuper du cas spécialement prévu par le Code Napoléon, et à la section I nous examinerons l'action en répétition de l'indu proprement dite (*condictio indebiti*); puis à la section II nous parlerons de plusieurs actions en répétition présentant avec cette *condictio indebiti* la plus grande analogie, mais n'exigeant point la réunion de toutes les conditions demandées pour que celle-ci puisse être intentée.

SECTION I.

DE L'ACTION EN RÉPÉTITION DE L'INDU PROPREMENT DITE.

CHAPITRE I.

Fondement de l'action.

§ I.

Parmi les obligations civiles qui se forment sans convention, les unes résultent de la loi, les autres du fait de l'homme. Celles-ci naissent soit d'un quasi-contrat, soit d'un délit, soit enfin d'un quasi-délit (1). Nous n'avons à nous occuper ici que de la première de ces sources d'obligations.

Voici comment le Code Napoléon la définit :

(1) Art. 1370.

« Les quasi-contrats sont les faits purement volontaires de l'homme, dont il résulte un engagement
quelconque envers un tiers, et quelquefois un
engagement réciproque des deux parties » (2).

Cette définition manque un peu de précision et
a besoin d'être complétée par l'addition d'un mot.
Au lieu de « faits purement volontaires, » il faudrait dire « de faits *licites* purement volontaires. »
Cette addition est nécessaire pour bien marquer la
différence des quasi-contrats d'avec les délits et
quasi-délits. Ceux-ci, en effet, sont également très-
souvent des faits volontaires d'où résultent des
engagements, mais ce sont des faits illicites, expression qui sert à désigner, non-seulement ceux
qui sont formellement prohibés par la loi, mais
encore ceux qui sont contraires à l'ordre public
ou aux bonnes mœurs (3).

Parmi les faits constituant chez nous (4) de véritables quasi-contrats, les rédacteurs du Code n'en
ont examiné spécialement que deux : la gestion
d'affaires, et le payement de l'indu. C'est ce dernier
qui donne naissance à l'action en répétition dont
nous avons à parler.

(2) Art. 1371.
(3) Cpr. Larombière, art. 1371, n° 4.
(4) L'administration sans mandat d'une chose commune
est, d'après les notions du Code Napoléon, un véritable quasi-
contrat. Il n'en est pas de même des autres faits tels que l'hérédité, la tutelle, que le droit romain indiquait comme des
quasi-contrats (Inst., *De oblig. quæ quasi ex cont. nasc.*, 3, 27);
les obligations qui s'y rapportent rentrent chez nous dans la
catégorie des obligations légales.

§ 2.

Dans la troisième partie de son *Traité sur le contrat du prêt de consomption*, Pothier expose la théorie du quasi-contrat du payement de l'indu. Il divise à cet égard sa matière en deux sections, et traite à la première de ce qu'il appelle le *promutuum*, puis à la seconde de la *condictio indebiti*.

Le *promutuum* est, dit-il, « le quasi-contrat par « lequel celui qui reçoit une certaine somme d'ar- « gent ou une certaine quantité de choses fongi- « bles qui lui a été payée par erreur, contracte « envers celui qui la lui a payée par erreur « l'obligation de lui en rendre autant (1). »

Cette définition et les développements dont elle est suivie devraient faire croire qu'aux yeux de Pothier il n'existait de quasi-contrat que lorsque le payement avait consisté en argent ou en choses fongibles ; cependant, lorsque le jurisconsulte ar- rive à l'examen de la *condictio indebiti*, il s'exprime ainsi : Cette action « a lieu toutes les fois que quel- « qu'un a payé par erreur à un autre, non-seulement « une certaine somme d'argent, ou une certaine « quantité de choses fongibles, qui est le cas du *pro-* « *mutuum*, mais généralement quelque chose que ce « soit, qu'il croyait par erreur devoir (2). » N'est-ce point attribuer exactement le même caractère au

(1) Pothier, *Traité du prêt de consomption*, n° 132.
(2) *Id.*, n° 140.

payement d'une *species* qu'à celui d'un *genus*, et reconnaître que l'un et l'autre peuvent former un quasi-contrat créant une obligation civile de restitution? Évidemment oui, et Pothier vient le déclarer lui-même, car il ajoute un peu plus loin : « Le payement qui lui en a été fait est un quasi-contrat qui forme en lui cette obligation (3). »

On voit qu'il y a là une sorte de contradiction qui montre le peu d'exactitude de la division adoptée par Pothier, division que l'on est d'autant plus étonné de rencontrer dans son ouvrage, qu'elle n'est pas conforme à la théorie romaine où le mot *promutuum* était inconnu. Il ne faut donc y attacher aucune importance (4) ; et l'on doit, pour se faire une juste idée de la doctrine du grand jurisconsulte sur l'indu, considérer dans leur ensemble les deux traités du *promutuum* et de la *condictio indebiti*. Les règles qui y sont développées sont la reproduction des dispositions romaines sur la matière ; elles présentent pour nous un grand intérêt, car elles ont visiblement inspiré notre législateur, et ont passé en substance dans le Code Napoléon. Elles s'y trouvent résumées au chapitre Ier du titre IV, livre III, dans les articles 1375 à 1381 qui forment les dispositions fondamentales du quasi-contrat dont nous nous occupons. Nous allons les examiner.

(3) *Id.*, n° 140.
(4) Bugnet, dans ses annotations sur Pothier, est du même avis, et il dit avec raison qu'il était assez inutile d'imaginer ce mot de *promutuum*. (Voir *Traité de l'indu*, n° 133, not. 1.)

§ 3.

D'après l'article 1376, lorsqu'une chose a été indûment reçue en payement, il peut naître pour celui qui l'a reçue une obligation civile de restitution. Cela arrive, aux termes de l'article 1377, lorsque la personne qui a livré cette chose ne l'a remise que parce qu'elle croyait à tort la devoir. Le fait licite et volontaire de la réception indue d'un payement fait par erreur, forme donc un quasi-contrat créant une obligation civile à la charge de celui qui a reçu, vis-à-vis de celui qui a payé.

Comme toute autre obligation civile, elle donne lieu à une action recevable en justice. Cet effet, que l'on ne saurait contester, se trouve nettement indiqué par les expressions mêmes de l'article 1377 qui porte : « Elle a droit de répétition contre le créancier. » Il nous intéresse particulièrement dans cette étude. Aussi est-ce surtout au point de vue de l'action naissant du quasi-contrat indiqué que nous examinerons les dispositions du Code. A cet égard, en essayant de combiner les dispositions des articles 1376 et 1377, nous arriverons à la formule suivante :

Celui qui a payé par erreur ce qu'il ne devait pas est autorisé à répéter en justice ce qu'il a payé, soit que la dette qu'il a eu l'intention d'acquitter n'existât pas, soit que cette dette fût due par une autre personne, ou à une autre personne.

L'action en répétition dont il s'agit est la *condictio indebiti* romaine, qui fut introduite pour empêcher une personne de conserver un accroissement de patrimoine acquis sans aucun fondement juridique aux dépens d'autrui (1). C'est l'équité qui fut la source de cette action dans le droit romain, et qui la fit passer dans notre législation. Pothier rappelle cette origine en disant : « Le fonde-« ment de cette obligation est cette règle d'équité « naturelle : Jure naturæ æquum est neminem « cum alterius detrimento et injuria fieri locuple-« tiorem (2). »

C'est donc d'après les principes de l'équité qu'il faudra résoudre les questions douteuses que pourra présenter l'application de la *condictio indebiti*.

CHAPITRE II.

Conditions nécessaires pour l'exercice de l'action.

§ 1.

Deux conditions doivent se rencontrer pour que la *condictio indebiti* puisse être introduite. Il faut : 1° *que celui qui a payé l'ait fait par erreur; 2° que le payement ait été indu.*

(1) Cpr. Ire partie, section III, chap. II, § 2.
(2) Pothier, *Traité du prêt de consomption*, n° 140.

§ 2.

A. *Erreur.* — Le caractère spécial de la *condictio indebiti* est la nécessité d'une erreur chez celui qui a payé. Il faut qu'il ait eu la conviction, fausse d'ailleurs, qu'il était tenu personnellement, ou que celui pour lequel il payait était tenu personnellement de l'obligation qu'il voulait éteindre par le payement. Sans cette erreur, une répétition par *condictione indebiti* ne serait pas admissible.

Cette règle était adoptée par les Romains, et se trouve formulée de la manière la plus nette dans plusieurs textes. La loi 1, § 1, D., *De cond. ind.*, 12, 6, dit à cet égard : « Et quidem si quis indebitum *ignorans* solvit, per hanc actionem condicere potest ; sed si sciens se non debere solvit, cessat repetitio. » La constitution 9, pr., C., *De cond. ind.*, 4, 5, porte également : « Indebitum solutum *sciens non recte repetit* (1). » Elle a passé dans notre ancienne jurisprudence, ainsi que nous l'apprend Pothier (2), et les rédacteurs du Code Napoléon ont entendu la maintenir. Leur intention ressort de la rédaction même des articles 1376 et 1377 ; et elle a été exprimée dans des termes qui ne permettent aucun doute, à la séance du Corps législatif du 19 pluviôse an XII, par l'orateur du tribunat Tarrible. Voici ses propres paro-

(1) Cpr. également, L. 53, D., R. I., 50, 17.
(2) Pothier, n° 150.

les : « L'erreur de la part de celui qui paye peut
« seule autoriser la répétition de la chose ; il doit
« avoir cru faussement ou que la chose était due
« au prétendu créancier, qui n'y avait réellement
« aucun droit, ou qu'il la lui devait personnelle-
« ment, tandis que dans la vérité elle était due par
« un autre (3). »

Malgré la force des arguments que nous venons
de relater, plusieurs auteurs sont d'avis que la
condition d'erreur n'est pas toujours exigée pour
l'exercice de la *condictio indebiti* (4). Ils pensent
que cette condition est indispensable au cas prévu
par l'article 1377, c'est-à-dire lorsque celui qui a
touché, se trouvant réellement créancier, n'est soumis à l'action que parce qu'il a été payé par une
autre personne que son débiteur, mais qu'il en est
autrement dans celui de l'article 1376, c'est-à-dire
lorsque celui qui a reçu n'avait aucune créance.
Cette opinion repose sur ce que l'erreur est mentionnée comme condition au premier de ces articles, non au second. Mais l'opposition apparente
des deux dispositions disparaît devant une lecture
attentive de ces articles. Elle fait reconnaître, en
effet, que le législateur s'est occupé exclusivement
à l'article 1376 de la position du défendeur, quant
à l'obligation de restitution, et cela pour établir

(3) Voir Locré, *Commentaire et complément des Codes francais*, XIII, n° 15, p. 54.

(4) Marcadé, *Cours de droit francais*, sur les articles 1376,
1377. — Mourlon, *Revue pratique*, 1864, XVIII, p. 196. — Colmet de Santerre, *Cours analytique de Code civil*. V. 174 *bis*.

qu'il pouvait être tenu, qu'il eût reçu par erreur ou autrement. Puis dans l'article 1377, passant au demandeur, il indique que pour celui-ci l'erreur est au contraire une condition indispensable de la recevabilité de son action. Il n'y a donc nullement lieu de tirer une conclusion de ce que l'erreur mentionnée comme condition à l'article 1377 ne figure pas à l'article 1376. D'un autre côté, et cette raison me paraît plus décisive encore, on n'est aucunement autorisé à scinder les dispositions des deux articles 1376 et 1377 pour y chercher des règles spéciales et en quelque sorte contradictoires. En effet, si la matière traitée dans ces articles n'est pas réunie sous un seul numéro, cela tient uniquement à ce que l'on n'a pas voulu parler de l'exception de suppression de titre, dans un article où il avait été question d'un payement fait à une personne n'ayant aucune créance, situation à laquelle cette exception n'était point applicable. Voilà le seul motif de la séparation en deux articles des dispositions contenues dans les numéros 1376 et 1377. Le discours de l'orateur du tribunat nous fournit encore à cet égard des renseignements précieux et indiscutables. « Ce quasi-contrat, dit-il, «se forme lorsque quelqu'un paye par erreur une «chose qu'il ne devait pas. Cette définition est «complète et embrasse tous les cas où la répétition «peut avoir lieu. Cependant la cause de la répé-«tition se modifie de deux manières ; et il *était* «*utile de les expliquer séparément pour placer une*

«*exception qui s'applique à l'une et ne peut s'adap-*
«*ter à l'autre.*

«Une personne peut recevoir ce qui ne lui est
«pas dû, elle peut recevoir aussi ce qui lui est
«réellement dû, mais d'une autre main que celle
«de son véritable débiteur ; *dans l'un comme dans*
«*l'autre cas, la répétition appartient à celui qui a*
«*payé par erreur.....*

«L'exception dont nous avons parlé ne s'appli-
«que qu'au second cas ; elle a lieu lorsque le vrai
«créancier a supprimé son titre par suite du paye-
«ment qu'il a reçu (5). »

Nous pensons donc que l'erreur doit toujours
avoir existé chez celui qui a payé, pour qu'il puisse
agir par *condictio indebiti* (6). Une personne qui
aurait sciemment fait un payement indu ne serait
point admise à le répéter, dans le cas même où il
serait certain qu'elle n'a pas agi par esprit de libéralité, mais avec la volonté d'en exercer plus tard
la répétition (7).

(5) Locré, *loc. cit.*, p. 54, n° 15.

(6) Cpr. dans le même sens Toullier, XI, n°ˢ 60, 61 ; Demante, *Cours*, V, 357 ; Larombière, *Théorie...* V. art. 1376,
n° 2. — Nous ne contestons nullement qu'il puisse y avoir
des actions en répétition intentées par une personne qui aurait payé sans erreur. Mais ces actions, dont nous nous occuperons à la section II, ne sont pas de véritables *condictiones
indebiti*. Et c'est de celle-ci seule que parlent les articles 1376
à 1381, ainsi que le prouvent l'analogie des dispositions qu'ils
renferment avec le traité de Pothier sur la *condictio indebiti*,
et surtout l'expression *indûment* qui figure dans plusieurs de
ces articles.

(7) La loi romaine est formelle sur ce point. Pomponius dit

L'erreur nécessaire pour pouvoir exercer une *condictio indebiti* pourrait d'ailleurs être une erreur de droit comme une erreur de fait. L'article 1377 ne fait aucune distinction à cet égard (8).

§ 3.

B. *Payement indu.* — La seconde condition demandée pour l'exercice de la *condictio indebiti* est un payement *fait indûment.*

Les explications que nous avons données à la section I sur le mot payement, permettent de saisir le sens de cette expression. Un payement indû est un payement effectué *sans cause;* en d'autres termes, c'est la remise d'une chose faite dans le but d'éteindre une dette qui n'existe pas pour celui qui l'opère.

Le payement devant être l'exécution d'une obligation, il est naturel que les principes relatifs à la cause des obligations conventionnelles soient applicables à la cause des payements; aussi, en nous rappelant ce que nous avons dit des obligations sans cause et sur une cause fausse, pourrons-nous résumer les conditions nécessaires à l'exercice de

à la loi 50, D., *De cond. ind.*, 12, 6 : « Quod quis sciens indebitum dedit, hac mente ut postea repeteret, repetere non potest. » Ce passage enlève toute force à l'argument que l'on pourrait tirer de la loi 53, D., R., I., 50, 17, pour soutenir que l'action en répétition est possible lorsque l'auteur du payement de l'indu n'a eu aucune intention de libéralité.

(8) Cette proposition fera l'objet d'une de nos positions.

la *condictio indebiti* en disant que le fondement de cette action est toujours un payement fait sur une cause erronée.

Nous savons que l'obligation sur une cause erronée est une obligation sans cause ; la désignation particulière ne sert qu'à distinguer l'espèce du genre ; et cette observation fait comprendre que M. Larombière ait dit que les trois conditions indiquées par Pothier pour la *condictio indebiti* [1° Il faut que ce qui est payé ne soit pas dû ; 2° qu'il n'y ait aucun sujet réel de payer ; 3° que le payement ait été fait par erreur (1)] se réduisent en définitive à une seule : un payement fait sans cause. Seulement cette manière de s'exprimer, sans être inexacte, manque de précision, car elle permettrait de croire une *condictio indebiti* possible dans certains cas où elle ne pourrait être intentée. C'est ce qui arriverait, par exemple, pour un payement fait sous une condition résolutoire qui serait venue à s'accomplir. Là le payement serait sans cause, l'accomplissement de la condition l'ayant fait disparaître, et pourtant son auteur ne pourrait intenter une véritable *condictio indebiti*, car il n'aurait point agi sous l'influence de l'erreur, qui, nous l'avons vu, est une condition indispensable pour exercer la *condictio indebiti*.

Aussi pensons-nous qu'à l'expression payement

____

(1) Pothier, n°s 141-163. Les deux premières conditions indiquées n'en forment évidemment qu'une seule, absence de cause de payement.

sans cause, il faut substituer celle de *payement sur une cause erronée*, qui seule comprend les deux conditions nécessaires à l'exercice de l'action dont s'occupent les articles 1376 et 1377, l'erreur et le payement sans cause.

Donnons maintenant quelques détails sur cette seconde condition, l'absence de cause.

§ 4.

La cause la plus fréquente d'un payement est l'accomplissement d'une obligation civile, quelle qu'en soit l'origine. Mais elle n'est point la seule.

L'accomplissement d'une obligation naturelle aurait la même valeur et devrait empêcher la répétition.

Cette proposition se déduit de nos observations sur la cause des obligations, car nous avons vu que l'obligation naturelle pouvait parfaitement servir de cause à un engagement civil ; elle se trouve d'ailleurs confirmée de la manière la plus formelle par l'alinéa 2 de l'article 1235 qui porte : « La répétition n'est pas admise à l'égard des obligations naturelles qui ont été volontairement acquittées. »

Le principe que l'obligation naturelle est une cause suffisante de payement était admis par les Romains et se trouve énoncé dans plusieurs textes : « Si pœnæ causa, » dit Pomponius, « ejus cui debetur debitor, liberatus est, naturalis obligatio

manet, et *ideo solutum repeti non potest* (1). » —
Julien dit également : « Nam licet minus proprie
debere dicuntur naturales debitores, per abusio-
nem intelligi possunt debitores, et qui ab his pecuniam recipiunt, *debitum sibi recepisse* (2).

Les conséquences en étaient même déduites
avec une grande rigueur. C'est ainsi que le droit
romain n'admettait pas la possibilité d'une répéti-
tition en cas d'existence d'obligation naturelle,
alors même que l'auteur du payement l'aurait
effectué uniquement parce qu'il se croyait civilement tenu (3). C'est ainsi encore qu'il refusait la
condictio à celui qui aurait, par erreur même de
fait, négligé d'opposer une exception de nature à
paralyser l'action, tout en laissant subsister pour
le défendeur une obligation naturelle, par exemple l'exception du sénatus-consulte macédonien,
ou dans certains cas celle de chose jugée (4).

Les rédacteurs du Code Napoléon ont-ils voulu
reproduire une théorie aussi absolue ? Nous ne le
croyons pas, et ce qui nous semble prouver pé-
remptoirement que telle n'a point été leur intention, ce sont les termes mêmes dont ils se sont
servi à l'article 1235 où ils disent « *qui ont été
volontairement acquittées.* » Ce mot, volontairement,
montre que ce n'est que le payement d'une obli-

(1) L. 19, pr., D., *De cond. ind.*, 12, 6.
(2) L. 16, § 4, D., *De fidej. et mand.*, 46, 1.
(3) Cpr. L. 26, § 12 ; L. 64, D., *De cond. ind.*, 12, 6.
(4) V. L. 28, D., *De cond. ind.*, 12, 6. — L. 10, D., *De S. C.
maced.*, 14, 6.

gation naturelle fait non-seulement sans violence
et sans crainte, mais aussi en pleine connaissance
de cause, qui rendra la répétition impossible. C'est,
en effet, de ce payement seul que l'on pourra dire,
qu'il a été volontairement effectué.

Celui donc qui n'aurait acquitté une obligation
naturelle que parce qu'il se croyait tenu civilement
pourrait exercer une répétition. Tel serait le cas
du failli concordataire qui, par suite d'une erreur
de compte, aurait payé à l'un de ses créanciers une
somme supérieure à celle dont il était tenu aux
termes du concordat. Il devrait pouvoir agir par
condictio indebiti pour la différence, bien qu'il
existât pour lui l'obligation naturelle de rembourser intégralement tous ses créanciers (5).

Tel serait encore le cas d'une personne qui, pour
n'avoir pas eu connaissance d'un jugement rendu
en sa faveur, aurait acquitté une dette dont ce
jugement l'avait déchargée. Elle pourrait répéter
les sommes payées. Sur ce dernier exemple,
Pothier donne une solution contraire à celle que
nous indiquons, et appuie sa décision de la raison
suivante : « Ce n'est pas la connaissance du juge-
« ment rendu à son profit, qu'il avait lors du
« payement, qui l'exclut de la répétition de la
« somme payée, c'est son obligation naturelle, que
« le jugement n'a pas détruite (6). » Mais on voit
que ce raisonnement, conforme aux idées romaines

(5) Cpr. Duranton, XIII, n° 680.
(6) Pothier, n° 145.

n'est plus d'accord avec la disposition de l'article
1235 qui demande non-seulement l'existence d'une
obligation naturelle correspondant au payement,
mais un acquittement volontaire de cette obligation (7).

Au point de vue de l'application de cet article,
l'erreur de droit produirait d'ailleurs le même
effet que l'erreur de fait. Celle-là comme celle-ci
empêchant que l'obligation naturelle n'eût été
volontairement acquittée, écarterait la disposition
de l'article 1235, et permettrait l'exercice de la
condictio indebiti. Il n'y a aucune raison de distinguer entre les deux cas, la loi ne le faisant pas.
C'est ainsi qu'une personne ayant acquitté par
erreur une dette prescrite pourrait répéter ce
qu'elle a soldé, aussi bien lorsqu'elle aurait ignoré
la disposition de la loi lui permettant d'opposer la
prescription, que lorsqu'elle se serait trompée en
fait. sur le nombre d'années pendant lesquelles
son créancier n'aurait pas exercé de poursuites (8).

L'obligation naturelle est donc une cause suffi-

(7) Cpr. dans le même sens Toullier, XI, n° 88. Larombière, V. n° 24.

(8) Duranton, XIII, n° 682, est d'une opinion contraire. Il
dit que l'erreur de droit correspondant à une obligation naturelle n'autorise pas la répétition. Mais cette solution. contraire à celle qu'il admet pour l'erreur de fait (680), est en
opposition avec l'effet qu'il attribue en général à l'erreur de
droit en matière de *condictio indebiti*, et ne se trouve appuyée
d'aucune justification. Le n° 128, auquel le n° 682 renvoie sur
ce point ne fournit, en effet, aucun éclaircissement.

Nous ne voyons donc pas ce qui a pu déterminer le savant

sante de payement, à la condition d'avoir été volontairement acquittée.

Il en serait de même, dans certaines conditions, du simple désir de satisfaire à un sentiment d'équité, de conscience, de délicatesse qui ne constituerait pas une véritable obligation naturelle (9). Mais ici il ne faut pas trop généraliser, et l'on ne saurait attribuer cet effet à tout scrupule moral. Il ne faudrait le reconnaître qu'à deux mobiles : le

auteur à faire une distinction que n'autorise ni le texte de l'article 1235, ni celui de l'article 1377.

Les véritables principes sur cette matière nous paraissent avoir été parfaitement relevés dans un arrêt de la Cour de Colmar du 18 janvier 1859, statuant sur l'action en répétition exercée par une commune, au sujet d'une rente féodale, qu'elle avait par erreur de droit continué à servir. Voici les termes de l'arrêt sur ce point : « Attendu... que l'existence même d'une obligation naturelle ne forme d'ailleurs un obstacle à la répétition de l'indu qu'autant que cette obligation a été acquittée volontairement, c'est-à-dire en pleine connaissance de cause ; qu'il est impossible de considérer comme étant exclusivement le résultat d'un sentiment de délicatesse et d'équité naturelle, les payements qu'un débiteur effectue à une époque où il se serait cru sous le coup d'une convention légalement obligatoire ; qu'il n'est censé avoir répudié le bénéfice de la loi pour obéir au cri de sa conscience que quand, après avoir su qu'il était dégagé de liens civils, il exécute un engagement qu'il place au-dessus du droit positif.... »

(9) L'obligation naturelle est un devoir légitimement susceptible, d'après son caractère juridique, de devenir l'objet d'une coercition extérieure, mais que le législateur n'a pas reconnu comme obligation civile, ou auquel il a, par un motif d'utilité sociale, retiré cette qualité. Les sentiments de délicatesse ou d'honneur dont nous parlons au texte, sont des devoirs qui échappent par leur nature à la possibilité légitime d'une sanction, et ne forment par conséquent point de véritables obligations naturelles.

désir de ne pas s'enrichir aux dépens d'autrui par
des acquisitions faites très-légalement d'ailleurs;
l'intention de réparer un dommage causé par un
fait qui ne serait pas légalement imputable à faute.
Lorsque celui qui a payé se trouvait animé de l'un
de ces sentiments, il ne pourra plus exercer de
condictio, car on ne pourrait dire que son payement a été effectué sans cause.

Cette proposition ne ressort pas de l'article 1235,
mais elle repose sur l'équité, à laquelle il faut faire
une grande part dans notre matière (10). Conforme
à l'opinion de plusieurs auteurs (11) et à un arrêt
de la Cour de Grenoble (12), elle se trouve d'ailleurs implicitement confirmée par la jurisprudence
de la Cour de cassation, d'après laquelle les sentiments de délicatesse dont il vient d'être question
peuvent parfaitement servir de cause à des engagements civils (13) et leur donner un caractère
différent d'actes de pure libéralité (14).

(10) L'article 1235 n'est pas contraire à notre opinion; rien
dans sa rédaction n'autorise à dire qu'une véritable obligation
naturelle est seule de nature à écarter la *condictio indebiti*.

(11) Cpr. notamment, Toullier, XI, n° 89. Larombière, *Théorie....* V. art. 1376, n° 21. '

(12) Grenoble, 25 août 1809. Sirey, 10, 2, 353.

(13) Cpr. Civ. rej., 3 décembre 1813. Sirey, 1814, 1, 85. —
Req. rej., 21 novembre 1831. Sirey, 32, 1, 383. — Req. rej.,
23 juillet 1833. Sirey, 33, 1, 535.

(14) Req. rej., 10 décembre 1851. Sirey, 52, 1, 41. L'arrêt de
cassation du 5 mai 1835 (Sirey, 35, 1, 466) n'est pas contraire
à cette décision. Il a été rendu sur une espèce où précisément
il n'y avait eu comme cause d'une rétrocession qu'un sentiment très-louable, mais non l'accomplissement d'un *devoir* de
délicatesse ou d'honneur.

En appliquant les principes que nous venons d'énoncer, il faudrait décider que, par exemple, l'acheteur qui ayant retiré de son acquisition un bénéfice considérable, aurait pour ce motif payé au vendeur une somme supérieure au prix fixé dans le contrat de vente, ne pourrait, sous prétexte de payement indu, venir répéter ultérieurement l'excédant ainsi soldé. De même, on devrait reconnaître que le débiteur qui aurait acquitté sa dette au moyen de papiers ayant cours forcé, en ne les cotant qu'à leur valeur réelle, et non à leur titre nominal, ne saurait, sous prétexte d'avoir payé trop, être admis à répéter la somme formant la différence des deux cotes (15).

Il est bien entendu d'ailleurs que, pour qu'un devoir de délicatesse ou d'honneur de la nature de ceux que nous avons désignés puisse servir de cause à un payement, il serait nécessaire qu'il eût été accompli volontairement, c'est-à-dire sans contrainte et en pleine connaissance de cause. Tout ce que nous avons dit à cet égard de l'acquittement des obligations naturelles trouverait également ici son application.

§ 5.

Nous avons dit que pour qu'une véritable *condiction indebiti* fût possible, il fallait que le payement eût manqué de cause au moment même où il

(15) Cpr. les arrêts cités aux notes 12 et 14 ci-dessus.

était effectué. En laissant de côté les causes dérivant d'obligations naturelles ou de devoirs de délicatesse dont nous venons de parler, et en ne nous occupant que des obligations civiles proprement dites, nous trouvons que cette condition peut faire défaut de différentes manières.

Pothier avait divisé en dix *cas* les diverses hypothèses dans lesquelles peut se rencontrer un payement ainsi indûment fait ; nous ne voyons pas l'utilité d'une telle division, et nous nous contenterons de répartir les situations à examiner en deux catégories correspondant aux deux articles du Code Napoléon 1376 et 1377. La première comprendra les cas où ce qui a été remis en payement n'était pas dû à celui qui l'a reçu ; nous allons nous en occuper immédiatement. La seconde, les cas où ce qui a été payé était bien dû à celui qui l'a reçu, mais par une autre personne que celle qui a fait le payement. Nous l'examinerons au § 6.

Un payement est sans cause tout d'abord, lorsque l'obligation qu'il est censé éteindre n'a aucune existence ni réelle ni même apparente. C'est ainsi que l'héritier qui, pour acquitter une promesse verbale qu'il croirait à tort avoir été faite par son auteur, remettrait à quelqu'un une somme d'argent, ferait un payement sans cause.

Mais un payement peut également être sans cause alors que l'obligation à laquelle il répond aurait quelque apparence de réalité. C'est ce qui arriverait dans le cas où elle reposerait sur un titre, mais sur un titre résolu ou révoqué, annulable ou rescindable (1). Ainsi, l'héritier qui acquitterait des legs portés dans un testament, payerait sans cause si ce testament avait été ultérieurement révoqué par son auteur.

Ainsi encore, le fils héritier de son père, qui réglerait un billet souscrit par celui-ci, mais obtenu au moyen du dol ou de la violence, ferait un payement sans cause.

Dans certains cas le payement fait en l'acquit d'une obligation valablement contractée pourrait même être sans cause. Il en serait ainsi lorsque cette obligation se trouvait déjà éteinte au moment du payement. Il en serait ainsi encore, si la somme donnée pour l'acquitter était supérieure au montant de la dette ; tout l'excédant constituerait un payement indu (2). Comme exemple du premier cas, on peut prendre le payement fait par un débiteur ignorant que son codébiteur avait déjà acquitté la dette commune (3). Comme exemple du second, le fait de celui qui, devant 10 000 fr., en aurait payé 15 000 ; ou encore de celui qui, en

(1) Cpr. L. 26, § 3, D., *De cond. ind.*, 12, 6 : L. 2, § 1, *eod.* Pothier, nos 143, 144. Larombière, V. art. 1376, nos 5-8.

(2) Cpr. C. 1, C., *De cond. ind.*, 4, 5. Pothier, nos 146, 147, 148. Larombière, *l. cit.*, n° 13.

(3) Si deux codébiteurs solidaires avaient payé chacun la totalité de la dette, comment s'exercerait la répétition ? La loi 19, § 4, D., *De cond. ind.*, 12, 6, répond que chacun d'eux pourrait répéter la moitié de la somme payée par lui, et nous croyons cette solution parfaitement équitable. (Cpr. dans le même sens, Pothier ; n° 148. Larombière, art. 1376, n° 8.)

payant une rente, aurait omis d'exercer la retenue qu'il était en droit de faire (Colmar, 11 janvier 1821) (4).

Lorsqu'un engagement est contracté sous une condition suspensive, le payement destiné à l'éteindre manque de cause s'il est effectué avant l'accomplissement de la condition. En effet, comme le dit Pothier (5), « ce qui est dû sous condition n'est pas encore dû : *Tantum est spes debitum iri* (6). » Cependant ce défaut ne pourrait plus être opposé après l'accomplissement de la condition qui, d'après l'article 1179, rendrait l'obligation en tout semblable à un engagement pur et simple existant valablement du jour du contrat.

Le terme n'aurait point sous ce rapport le même effet que la condition. Le terme n'empêche pas une dette d'exister, il en diffère simplement l'exigibilité : aussi le payement d'une dette non échue ne saurait être un payement indu. Ce principe était déjà reconnu en droit romain, et Paul l'énonce en ces termes : « In diem debitor adeo debitor est, ut ante diem solutum repetere non possit (7). » Il est formellement exprimé au Code Napoléon, dont l'article 1186, § 2, porte : « Ainsi ce qui a été payé d'avance ne peut être répété (8). » Le terme

---

(4) Dalloz, Répertoire, *Obligations*, n° 5497.

(5) Pothier, *Traité des obligations*, n° 218.

(6) L. 16, D., *De cond. ind.*, 12, 6. Pothier, *Traité du promutuum*, n° 150. Bufnoir, *Théorie de la condition*, p. 240. Demolombe, XXV, n° 358. Duranton, XIII, n° 688.

(7) L. 10, D., *De cond. ind.*, 12, 6.

(8) Cet article fournit un argument *a contrario* à l'appui de

non échu ne rend donc point le payement sans cause, comme la condition non accomplie.

La remise, par erreur, d'une chose autre que celle qui est due en réalité constitue un payement sans cause (9). Ainsi celui qui devant une montre d'argent aurait donné en payement une montre d'or aurait fait un payement sans cause.

De même, la remise d'un objet dû sous une alternative, que le débiteur croyait devoir d'une manière déterminée, serait un payement indu (10). Celui qui devant soit un bœuf, soit deux moutons, se serait cru tenu de livrer un bœuf, et l'aurait fourni, aurait payé indûment.

Au sujet de l'obligation alternative, une question peut se présenter. Nous savons que celui qui paie trop paie indûment. Le débiteur qui devant deux choses sous une alternative, les aurait payées l'une et l'autre, croyant les devoir toutes deux, aurait par conséquent fait un payement indu. Mais laquelle des deux choses faudra-t-il considérer

ce que nous avons dit sur la condition, surtout quand on le compare à l'article qui le précède immédiatement. — De ce que l'article 1186 dit expressément que ce *qui a été payé* d'avance ne peut être répété, on doit nécessairement conclure qu'une répétition des intérêts de la somme payée avant l'échéance serait elle-même impossible. En effet, laisser réclamer une somme à titre d'escompte, serait en définitive autoriser une répétition particlle de ce qui a été payé, et par conséquent violer la disposition de l'article 1186. — Voir dans ce sens Delvincourt, II, p. 490, V. Colmet de Santerre, 108 *bis*. — En sens contraire, Duranton, XI, n° 113.

(9) L. 19, § 3, D., *De cond. ind.*, 12, 6.

(10) Cpr. Pothier, *Traité des obligations*, 255-257.

comme payée sans cause? Pas de difficulté si les
payements ont été successifs ; ce serait celle que
l'on aurait payée en dernier lieu. Mais s'il y avait
eu remise simultanée des deux choses? En pareil
cas, nous croyons que le débiteur aurait le droit
de désigner à son choix l'une ou l'autre chose
comme indûment payée. Cette faculté nous paraît
une conséquence naturelle du droit qui, dans une
obligation alternative, appartient au débiteur, d'en
déterminer définitivement le caractère par son
payement. Cette solution, conforme à la législation
de Justinien (11), a été adoptée par Pothier (12).

Que décider dans le cas où il y aurait, non un
seul débiteur, mais deux débiteurs solidaires qui
auraient remis chacun l'une des choses dues sous
une alternative? Nous croyons qu'il y aurait lieu
de faire une distinction. Lorsque les deux débiteurs ont payé parce qu'ils croyaient les deux choses dues, il leur appartiendra de réclamer à leur
choix l'une ou l'autre comme indûment payée. Si,
au contraire, sachant qu'ils avaient à acquitter
une dette alternative, ils n'ont payé que parce que
chacun d'eux ignorait le payement fait par l'autre,
ce serait au créancier qu'il appartiendrait de choisir et de restituer celle des choses qu'il voudrait,

(11) Const. 10, C., *De cond. ind.*, 4. 5. — La solution admise
par Justinien n'avait point été adoptée par tous les auteurs,
ainsi que nous le montre cette constitution. Ulpien, Celsus,
Marcellus notamment étaient sur ce point d'une opinion contraire à celle que sanctionne le Code.

(12) Pothier, *Traité des obligations*, n° 257.

comme indûment payée. Cette situation est en
effet bien différente de la précédente. Ici, les débiteurs ne peuvent pas dire que leur erreur les a
privés du droit de choisir la prestation à accomplir ; ce droit, ils en ont usé ; vis-à-vis de chacun
d'eux, le créancier n'a en définitive reçu que ce
qu'il voulait qu'il reçût. Leur droit a donc été
exercé. Il est dès lors tout à fait équitable d'avoir
égard à la faculté qui incombait au créancier de
s'adresser à l'un ou à l'autre de ses débiteurs pour
en obtenir le payement, et de lui permettre d'user
d'une faculté analogue pour la restitution (13).

Enfin un payement serait encore sans cause lorsque celui qui l'a effectué était bien débiteur, mais
d'une autre personne que celle à laquelle le payement a été fait (14). Tel serait le cas du payement
fait par quelqu'un à une personne se disant faussement l'héritière de son créancier.

Dans toutes les hypothèses que nous venons de
rappeler, la *condictio indebiti* devrait être admise,
en supposant, bien entendu, que le payement eût
été fait par erreur.

(13) C'est pour n'avoir pas fait cette distinction que Bugnet
élève des doutes sur la solution donnée par Pothier au n° 149
(*cond. ind.*). La solution du grand jurisconsulte n'est relative
qu'à la seconde des hypothèses que nous avons indiquées.
Cpr. L. 24, D., *De cond. ind.*, 12, 6.

(14) Pothier, *Traité du promutuum*, n° 153. — L. 65, § 9 ;
L. 26, § 11, D., *De cond. ind.*, 12, 6.

§ 6.

Passons maintenant au cas où ce qui a été payé, était dû à la personne qui a reçu le payement.

Celui qui se croyant à tort débiteur, acquitte la dette d'une autre personne, fait un payement indu. L'article 1377 le reconnaît bien positivement, car il autorise en pareil cas une répétition (1).

Mais pour que le payement soit indu, il est indispensable que celui qui l'a effectué, ne l'ait point fait au nom du véritable débiteur. Le créancier, en effet, qui reçoit des mains d'un tiers, mais au nom de son débiteur réel, le montant de sa créance, reçoit un payement valable aux termes de l'article 1236, § 2, du Code Napoléon; et une erreur personnelle à celui qui a payé, et portant soit sur ses rapports avec le véritable débiteur, soit sur les effets que devait produire son payement, serait impuissante à rendre ce payement sans cause vis-à-vis du créancier. C'est aussi ce qui était admis en droit romain, où l'on reconnaissait comme règle que : « Repetitio nulla est ab eo qui suum recepit, tametsi ab alio quam a vero debitore solutum est (2). »

(1) Arg. article 1235.
(2) L. 44, D., *De cond. ind.*, 12, 6. — Il n'y a pas plus de contradiction entre cette loi et les lois 19, § 1 ; 65, § 9, *eod.*, qu'entre l'article 1236 et l'article 1377 du Code Napoléon. Les hypothèses auxquelles se rapportent ces différentes dispositions ne sont point les mêmes; dans les unes on paie pour le

Ce principe conduit, entre autres, aux applications suivantes :

Le mandataire qui aurait cru à tort que son mandat comprenait le payement d'une dette, et l'aurait acquittée au nom de son mandant, ne pourrait soutenir avoir payé sans cause, si cette dette avait existé en réalité pour son mandant.

De même le délégué qui aurait payé au délégataire sa créance sur le délégant ne saurait prétendre avoir payé sans cause, s'il avait été déterminé à faire le payement, parce qu'il se croyait lui-même débiteur du délégant, et qu'en réalité il ne lui dût rien (3).

Enfin le créancier hypothécaire qui aurait désintéressé d'autres créanciers dont l'hypothèque primait la sienne, pour être subrogé dans leurs droits, ne pourrait être considéré comme ayant fait un payement sans cause, si une éviction de l'immeuble hypothéqué était venue rendre cette subrogation inutile (4).

Un payement est indu dans le sens de l'article 1377, non-seulement lorsque celui qui l'a effectué n'était point du tout débiteur de celui qui l'a reçu, mais encore lorsque se trouvant débiteur d'une

débiteur réel, dans les autres pour qui l'on se croit débiteur. Cpr. Toullier, XI, n° 83. Duranton, XIII, n° 684. Favard, *Quasi-contrats*, § 13.

(3) L. 12, D., *De nov. et liber.*, 46, 2. — Bordeaux, 2 avril 1835. Dalloz, 35, 2, 114. Req. rej., 7 mars 1835. Dalloz, 55, 1, 108. — Cpr. Pothier, n° 602. Toullier, VII, n° 291.

(4) Paris, 5 juillet 1851. Sirey, 54, 2, 651.

portion de la dette, il aurait payé au delà de sa part. En pareil cas, tout ce qui dépasse la portion contributive de l'auteur du payement est payé sans cause, à moins que l'excédant n'ait été remis au créancier au nom des autres codébiteurs (5). C'est ainsi qu'un débiteur qui se croyant solidairement tenu d'une dette dont il ne devait que le quart, l'aurait acquittée en totalité, aurait, pour les trois quarts de la somme donnée, fait un payement sans cause.

L'article 1377 suppose que la dette a été acquittée par celui qui ne devait point. Aussi le véritable débiteur qui acquitte une de ses dettes ne fait jamais un payement indu, alors même que, vu les circonstances, il serait forcé de payer une seconde fois. L'acquéreur d'un immeuble devient le débiteur du délégataire qu'il a accepté conventionnellement pour le payement du prix; mais il est également débiteur réel des créanciers ayant hypothèque sur l'immeuble acquis. Si donc, il avait payé à un délégataire la totalité du prix, il n'en resterait pas moins tenu vis-à-vis des créanciers hypothécaires, et le payement qu'il serait contraint de faire sur leurs poursuites ne l'autoriserait pas à répéter, comme ayant eu lieu sans cause, celui qu'il avait antérieurement fait au délégataire (6). De même, l'acheteur d'un immeuble qui en aurait versé le prix entre les mains de créanciers hypo-

____

(5) L. 31. D., *De cond. ind.*, 12. 6. Cpr. Toullier, XI, n° 85.
(6) Req. rej., 28 avril 1840. Dalloz, 40, 1, 191

thécaires utilement colloqués dans un ordre, ne pourrait prétendre avoir payé sans cause, s'il se trouvait forcé de payer ultérieurement d'autres créanciers hypothécaires dont les droits seraient demeurés intacts (7).

La règle d'après laquelle on peut répéter le payement destiné à acquitter une dette dont on se croyait tenu, et qui en réalité était due par une autre personne, est soumise à une exception importante, établie par l'alinéa 2 de l'article 1377 du Code Napoléon. Il porte que l'action en répétition cesse d'être possible lorsque à la suite du payement qu'il a reçu, le créancier a supprimé son titre. Voici les termes mêmes de l'article : « Néanmoins, ce droit cesse dans les cas où le créancier a supprimé son titre par suite du payement, sauf le recours de celui qui a payé contre le véritable débiteur. »

Cette exception est parfaitement conforme au caractère de la *condictio indebiti*. Il est juste, en effet, qu'une action fondée sur l'équité ne puisse avoir pour résultat de porter préjudice au créancier qui a reçu un payement qui lui était parfaitement dû. Or c'est précisément ce qui serait arrivé si, malgré la suppression de son titre qui l'eût mis dans l'impossibilité de réclamer le montant de sa créance à son débiteur véritable, il avait pu être exposé à une répétition.

(7) Civ. cass., 12 novembre 1850. Dalloz, 50, 1, 305.

Mais pour que l'exception dont il s'agit n'abou-
tisse pas à son tour à un résultat contraire à l'é-
quité, il est nécessaire qu'elle ne puisse profiter à
celui qui a reçu de mauvaise foi, c'est-à-dire sachant qu'il recevait d'une autre personne que de
son véritable débiteur. Aussi admet-on généralement que la disposition de l'alinéa 2 de l'article 1377 n'est applicable qu'au créancier de
bonne foi. Cette restriction n'est point indiquée
par les termes mêmes de la loi, mais elle ressort
de son esprit (8), et l'on doit plutôt s'attacher à
l'esprit d'une disposition légale qu'aux termes dans
lesquels elle est formulée.

C'est d'après le même principe qu'il faut apprécier le sens des mots *suppression de titre*. Au premier abord, cette expression semble ne se rapporter qu'à la destruction matérielle d'un acte, ou à
une altération de nature à lui enlever sa force pro-
bante ; mais en se rappelant le but de l'article 1377,
on arrive à y attacher une acception beaucoup
plus large. Ce que le législateur a voulu, c'est empêcher qu'un créancier payé par un tiers ne se
voie frustré par l'exercice d'une *condictio indebiti*.
Or, pour cela, il fallait prohiber la répétition chaque fois qu'une action efficace eût été impossible
contre le véritable débiteur. Sous ce rapport, certains faits juridiques sont à placer sur la même
ligne que la destruction ou l'altération matérielle

(8) Cpr. Duranton, XII, n° 685. Larombière, art. 1377,
n° 8.

d'un acte instrumentaire ; il y a donc lieu de les comprendre dans l'expression générale suppression de titre. C'est ainsi qu'il faut assimiler à la perte de l'acte la prescription de la créance, ou même la perte de sûretés qui en assuraient le recouvrement (9). En conséquence, on devrait ne point accorder de *condictio indebiti* contre le créancier qui, après le payement fait par un tiers, aurait donné mainlevée des hypothèques, ou fait remise des cautionnements qui lui garantissaient l'accomplissement de l'obligation de son débiteur.

CHAPITRE III.

De la preuve dans la *condictio indebiti*.

§ 1.

Nous venons de voir que deux conditions doivent se rencontrer chez celui qui a fait un payement, pour rendre une *condictio indebiti* possible. Il faut qu'il ait payé sans cause, et qu'il ait été sous l'empire d'une erreur.

Au contraire, aucune condition n'est demandée chez celui qui a reçu le payement. Qu'il ait touché sciemment ou par erreur, la répétition sera possible, sauf le cas de suppression de titre que nous avons examiné. L'article 1376 est formel à cet égard. « Celui, dit-il, qui reçoit par erreur ou

____

(9) Cpr. Pothier, *Obligations*, n° 256.

sciemment ce qui ne lui est pas dû, s'oblige à le restituer à celui de qui il l'a indûment reçu. »

Ces notions vont nous aider à déterminer la preuve à faire par le demandeur, pour réussir dans sa répétition.

Il aura tout d'abord à établir le fait du payement dont il demande la restitution, preuve dont il sera d'ailleurs souvent affranchi par l'aveu du défendeur. Il aura, de plus, à établir que ce payement ne correspondait à aucune obligation civile.

Il semble enfin qu'il aurait à prouver l'existence de son erreur, et la plupart des auteurs le demandent en effet (1). Mais cela ne nous paraît point nécessaire dans tous les cas, et nous croyons que les deux preuves indiquées suffiraient souvent. Remarquons, en effet, que l'erreur étant un fait intentionnel, ne se prouve pas directement ; la preuve n'en peut être rapportée qu'au moyen de la constatation de certaines circonstances d'où le juge déduit que le demandeur n'a agi que sous son influence. Or le défaut d'existence d'une obligation civile est précisément une circonstance de nature à ne guère laisser de doute dans l'esprit du juge. L'intention de libéralité n'étant pas présumable, car « *Nemo tam resupinus est ut facile suas pecunias jactet* (2), » il devra, en l'absence d'une obli-

(1) Cpr. Toullier, XI, n° 64 ; Duranton, XII, n° 696 ; Larombière, art. 1376, n° 28.

(2) L. 25, pr., D., *De probat.*, 22, 3. — Cpr. L. 41, § 1, D. R. J., 50, 17.

gation civile, croire nécessairement à une erreur
de la part de celui qui a payé ; à moins toutefois,
que l'on n'aperçoive en dehors de l'obligation civile une autre cause de payement, par exemple
une obligation naturelle, ou un sentiment de délicatesse. Sauf cette circonstance particulière, dont
nous allons nous occuper, il existera donc une véritable présomption d'erreur pour le demandeur
qui a prouvé avoir payé sans obligation civile,
présomption qui fera triompher sa demande. Ce
que nous disons doit cependant être restreint à
l'erreur de fait ; l'erreur de droit, quoique admissible en pareil cas, aurait besoin d'être spécialement établie, car elle ne se présume jamais.

Ainsi, dans les circonstances qui viennent d'être
spécifiées, le demandeur n'aurait point autre chose
à prouver que le payement et l'absence d'obligation civile ; sauf au défendeur à établir, pour faire
rejeter la demande, que la présomption d'erreur
est inexacte au cas particulier ; que, par exemple,
ce n'est pas un payement d'obligation, mais un
don manuel que le demandeur a entendu faire.

Dans les cas, au contraire, où il y aurait lieu de
croire que le payement devait servir à acquitter
une obligation naturelle ou à remplir un devoir
de délicatesse, le demandeur aurait à établir son
erreur d'une manière spéciale, et il ne lui suffirait
pas de prouver qu'il n'existait pour lui aucune
obligation civile. Cette preuve, plus rigoureuse
naturellement quant à l'erreur de droit que pour

l'erreur de fait, s'établirait à l'aide de faits d'où il ressortirait clairement que l'erreur a été la seule cause du payement. Le juge aurait d'ailleurs pleine liberté pour apprécier si les faits produits sont ou ne sont pas concluants à cet égard.

Il est facile de comprendre comment le juge sera amené à supposer au payement une autre cause qu'une obligation civile. Lorsque la *condictio indebiti* aura été intentée à la suite d'un payement spontané, les circonstances de la demande et les conclusions du défendeur lui révéleront aisément l'existence d'une obligation naturelle ou d'un devoir de conscience constituant cette autre cause. Et lorsque la *condictio* sera introduite à la suite d'un payement effectué sur les réclamations du défendeur, la nature de l'exception péremptoire que le demandeur prétendrait avoir omis d'opposer le renseignera complétement. On sait en effet que certaines exceptions péremptoires, tout en paralysant une action, laissent subsister pour celui au profit duquel elles existent une obligation naturelle, tandis que les autres font disparaître toute cause juridique de payement. Le juge saura donc à quoi s'en tenir suivant que l'exception dont se prévaut le demandeur en répétition appartiendrait à la première ou à la seconde classe; et il devrait, par exemple, se montrer beaucoup plus exigeant sous le rapport de la preuve dans le cas où le demandeur prétendrait avoir payé par erreur une dette de jeu ou une dette prescrite, que s'il soutenait avoir acquitté une obligation entachée de dol dans l'ignorance où il se trouvait de ce vice.

Telles sont les preuves que l'on devrait mettre à la charge du demandeur dans une action en répétition de l'indu : payement, absence d'obligation civile, et dans certains cas erreur. Les dispositions de l'article 1376 le dispensent de rien prouver sur la manière dont le payement a été accepté par le défendeur. Il n'y aurait lieu de s'occuper de ce dernier qu'à un seul point de vue, celui de la capacité. En effet, s'il avait été incapable de recevoir lors du payement, on ne pourrait lui réclamer que ce dont il se trouverait enrichi au moment de la demande. Il ne faut pas que l'incapable puisse s'engager par un quasi-contrat plus qu'il ne pourrait le faire par un contrat.

§ 2.

Les règles que nous venons de poser relativement à la preuve en matière de *condictio indebiti* reçoivent une exception lorsque le défendeur a, de mauvaise foi, nié la réalité du payement. En pareil cas, le demandeur n'aurait qu'à établir l'existence de ce payement et serait dispensé de prouver l'absence de cause et l'erreur. La dénégation du défendeur créerait contre lui une présomption de réception indue, et, pour l'écarter, il serait tenu de prouver, soit qu'il n'avait reçu que ce qui lui était dû en vertu d'une obligation civile, d'une obligation naturelle, ou d'un devoir de délicatesse, soit que le demandeur avait entendu lui faire une libéralité.

L'exception que nous indiquons était formellement reconnue en droit romain, et voici comment Paul la justifiait : « Per etenim absurdum est, eum qui ab initio negavit pecuniam suscepisse, postquam fuerit convictus eam accepisse, probationem debiti ab adversario exigere (1). » Elle ne se trouve pas, à la vérité, reproduite dans le Code Napoléon ; mais elle est trop conforme à la justice pour être écartée, et nous croyons que, sous ce rapport, le juge devrait suivre la loi romaine. Au surplus, cette opinion est généralement admise (2).

CHAPITRE IV.

Des effets de l'action en répétition.

§ 1.

Pour procéder avec méthode dans l'examen des effets de la *condictio indebiti*, nous distinguerons le cas où le payement a eu pour objet des sommes d'argent ou d'autres choses se déterminant au poids, au compte ou à la mesure, de celui où il a consisté en un immeuble ou un meuble déterminé dans son individualité. Dans chacune de ces situa-

---

(1) L. 25, pr., D., *De probat. et praesump.*, 22, 3.

(2) Delvincourt, III, p. 448; Toullier, XI, nᵒˢ 64; Duranton, XII, nᵒˢ 12; XIII, nᵒ 696; Larombière, V, art. 1376, nᵒ 28.

tions, nous sous-distinguerons le cas ou le défendeur aura été de bonne foi de celui où il aura été de mauvaise foi.

§ 2.

Occupons-nous d'abord du payement ayant eu pour objet des choses se déterminant au compte, au poids ou à la mesure (1), et examinons-le aux deux points de vue qui viennent d'être indiqués.

A. — Le défendeur qui a été de bonne foi, est uniquement tenu de restituer une somme ou une quotité égale à celle qu'il a reçue. Il peut aussi, au lieu de cette quotité, en rembourser la valeur au demandeur. Mais ici se présente une question. Quel moment faudra-t-il choisir pour fixer la valeur de la quotité à restituer? est-ce celui du payement? Est-ce celui de la demande? Nous croyons que c'est l'époque du payement. En effet, le défendeur de bonne foi ne doit pas être condamné à payer plus qu'il n'a reçu (2). Or c'est

(1) Nous n'avons pas voulu, pour désigner les choses de cette nature, nous servir de l'expression *choses fongibles* qui se rencontre chez quelques auteurs. En effet, les choses ne sont pas fongibles par elles-mêmes ; ce caractère leur est donné par une convention qui, en assimilant plusieurs choses les unes aux autres au point de vue d'un payement ou d'une restitution, permet qu'elles se remplacent mutuellement dans l'exécution du contrat.

(2) La loi romaine portait également : « Quod indebitum per errorem solvitur, aut ipsum, aut tantumdem restituitur. » (L. 7, D., *De cond. ind.*, 12, 6.)

précisément ce qui arriverait si l'on prenait l'instant de la demande pour l'évaluation, et qu'une hausse se fût produite sur les choses à restituer. Cette solution, du reste, prive simplement le demandeur de la possibilité de réaliser un bénéfice ; elle n'aggrave pas sa situation en cas de baisse de cours. Une baisse, en effet, le frapperait, alors même que l'évaluation se ferait au moment de la demande, le défendeur ayant toujours la faculté d'en tirer parti au moyen d'une restitution en nature (3).

Une autre question peut se présenter relativement aux espèces dans lesquelles le remboursement devrait être effectué si le payement indû avait consisté en une certaine somme. Nous croyons que le défendeur serait, en général, tenu de restituer des espèces ayant cours, jusqu'à concurrence du chiffre de la somme par lui reçue, sans que l'on dût avoir égard à l'augmentation ou à la diminution de valeur de l'argent depuis le moment du payement (4). Cette solution cependant devrait être modifiée pour le cas où le payement indû aurait été fait en papiers très-dépréciés, ayant cours forcé. En pareille circonstance le défendeur ne

(3) L'article 1903, al. 2, du Code Napoléon fournit aussi un argument par analogie en faveur de cette décision.

(4) Ce cas est tout à fait assimilable à celui où le défendeur restitue en nature une quotité de choses se mesurant ou se comptant, autres que de l'argent. En pareille circonstance, il n'y aurait pas non plus à s'occuper de la différence de la valeur de ces choses au moment du payement, et à celui de la restitution.

serait tenu que de rembourser une somme égale à
la valeur de ces papiers lors du payement ; s'il en
était autrement, il rembourserait plus qu'il n'aurait reçu. La Cour de cassation a fait une application curieuse de cette dernière règle à un payement
opéré en assignats (5).

Le défendeur qui aurait satisfait aux obligations
que nous venons de spécifier se trouverait pleinement libéré et ne serait tenu de payer aucune indemnité pour les bénéfices qu'il aurait retirés des
choses à lui remises, ou pour les intérêts que lui
auraient rapportés les sommes par lui perçues, au
moins jusqu'au jour de la demande ; celle-ci ferait
naturellement courir les intérêts des sommes à
restituer.

Il en serait ainsi pour le défendeur même qui
aurait cessé d'être de bonne foi avant le procès. Il
ne devrait d'intérêts que du jour de la demande et
non de celui où sa bonne foi aurait cessé. Cela
résulte de la combinaison des articles 1153 et 1378
du Code Napoléon. L'article 1153 pose, en règle
générale, que dans les obligations consistant en
sommes à payer, les intérêts ne courent que du
jour de la demande, et que l'on ne doit admettre
d'exception à ce principe que pour les cas expressément indiqués par la loi. L'un de ces cas est prévu
par l'article 1378, qui charge le défendeur à la
condictio indebiti des intérêts à partir du payement.

(5) Req. rej., 16 novembre 1830. Dalloz, 30, 1, p. 390.

Mais cet article, comme toute disposition exceptionnelle, doit être interprété restrictivement ; or
il ne parle que du défendeur qui *a reçu de mauvaise
foi*, et par conséquent il ne saurait être applicable
au défendeur qui, ayant reçu de bonne foi, aurait
ultérieurement eu connaissance des vices du payement (6).

Mais il faut se garder de confondre avec les intérêts de la chose indûment reçue, des sommes
qui seraient à la vérité versées à titre d'intérêts
ou d'arrérages de rentes, mais qui constitueraient
précisément le payement indu. Celles-ci devraient,
comme tout autre payement indu, être restituées
même par le possesseur de bonne foi. Il n'y aurait
sous ce rapport aucune distinction à faire entre le
cas où il eût existé un titre apparent en faveur de
la personne qui a reçu les fonds et celui où il n'en
aurait existé aucun. En effet, un pareil titre ne
saurait servir de cause à un payement (7).

(6) Cpr. Larombière, art. 1378, n° 10.

(7) Cpr. Civ. cass., 10 juillet 1849. Dalloz, 49, 1, 255. Req.
rej., 4 août 1859. Dalloz, 59, 1, 363.

M. Demolombe, IX, n° 624, fait une distinction de cette nature, et admet qu'un payement d'arrérages de rentes fait en
vertu d'un titre dont on ignorait les vices, et accepté de bonne
foi, ne peut être répété, les arrérages étant de véritables fruits
qui sont acquis au possesseur de bonne foi. Mais la théorie du
savant jurisconsulte consacre un résultat si peu équitable
qu'il suffirait à la faire rejeter ; elle place celui qui a fait un
payement indu d'arrérages sur le vu d'un titre, c'est-à-dire
dans des circonstances justifiant très-bien une erreur, dans
une situation plus défavorable que celui qui aurait fait un
payement de même nature par pure légèreté : M. Demolombe,

B. — Le défendeur qui a reçu de mauvaise foi est tout naturellement tenu d'abord de restituer au demandeur tout ce que ce dernier aurait pu exiger d'un défendeur de bonne foi ; mais il doit, de plus, lui bonifier les intérêts des sommes perçues, ou de la valeur estimative des objets livrés, depuis le jour du payement. L'article 1378 lui en impose formellement l'obligation : « S'il y a eu mauvaise foi, » dit cet article, « de la part de celui qui a reçu, il est tenu de restituer tant le capital que les intérêts ou les fruits du jour du payement. »

Lorsque l'action est dirigée, non contre celui qui a reçu le payement, mais contre son héritier, doit-on avoir égard à la bonne foi personnelle de ce dernier pour juger s'il doit être condamné aux intérêts ? En aucune manière. Il ne faudrait, en pareil cas, s'attacher qu'à la bonne ou mauvaise foi de l'auteur. En effet, les obligations qu'il a contractées par une réception indue sont comme des engagements personnels dont il se serait chargé par un contrat véritable, et il les transmet tout entières à son héritier. Ainsi, l'on devrait décider que l'article 1378 serait applicable à l'héritier qui aurait complétement ignoré la réception indue, si son auteur en avait eu connaissance.

Et lorsque l'action est dirigée contre une personne ayant reçu un payement indu par l'inter-

en effet, admet que ce dernier seul pourrait exercer une *condictio indebiti*. Cette théorie est de plus en contradiction flagrante avec les articles 1131 et 1235 du Code Napo'éon.

médiaire d'un mandataire, faut-il s'occuper de la bonne ou de la mauvaise foi de ce mandataire ? Nullement, car c'est le mandant seul qui est tenu personnellement de la *condictio indebiti* (8).

Passons maintenant à l'examen des règles relatives aux payements qui ont eu pour objet une chose déterminée dans son individualité, qu'elle soit d'ailleurs mobilière ou immobilière.

§ 3.

Ici encore nous nous occuperons successivement du cas où celui qui a reçu a été de bonne foi, et du cas où il a été de mauvaise foi. Prenons d'abord la première de ces hypothèses.

A. — L'article 1379, dans sa première partie, règle la situation qui nous occupe. Voici ce qu'il porte : « Si la chose indûment reçue est un immeuble ou un meuble corporel, celui qui l'a reçue s'oblige à la restituer en nature, si elle existe... »

Ainsi le défendeur est tenu de restituer la chose en nature. Cette obligation entraîne évidemment celle de rendre la chose avec toutes les accessions qu'elle a reçues. Mais emporte-t-elle la nécessité de restituer les fruits ? Les Romains l'admettaient, et Paul le reconnaît en ces termes : « Et ideo etiam quod rei solutæ accessit, venit in condictionem, ut puta partus qui ex ancilla natus sit, vel quod allu-

(8) Req. rej., 12 mars 1844. Dalloz, 44, 1, 237.

vione accessit, *imo et fructus quos is cui solutum est,
bona fide percepit, in condictionem veniunt* (1). »

Cette solution est reproduite par Pothier (2),
mais elle soulève de graves objections. N'est-il pas
en effet très-peu équitable de forcer un homme à
restituer des fruits consommés sans aucune mauvaise foi depuis fort longtemps peut-être, et qu'il
n'a perçus que par suite d'une erreur de celui-là
même qui les lui réclame ? Aussi devrait-on hésiter
beaucoup à adopter cette décision, quand même le
Code Napoléon ne fournirait aucun argument pour
l'écarter. Mais ce n'est point ce qui a lieu, et les
dispositions de l'article 1378 montrent de la façon
la plus claire que les rédacteurs du Code ont entendu, sur ce point, se séparer de la doctrine romaine. En effet, en déclarant que celui qui a reçu
de mauvaise foi serait tenu de restituer les fruits
du jour du payement, ils ont implicitement affranchi
de cette obligation celui qui a reçu le payement
de bonne foi. C'est d'ailleurs ce que l'on reconnaît
unanimement aujourd'hui ; et tous les auteurs sont
d'accord sur ce point que le défendeur de bonne
foi n'est pas tenu des fruits (3).

---

(1) L. 15. pr., D., *De cond. ind.*, 12, 6. La différence que fai-
saient les Romains entre les fruits et les intérêts, dont le défendeur à la *condictio indebiti* n'était point tenu (C. 1, C., *De
cond. ind.*, 4, 5), peut s'expliquer par ce fait que les intérets
ne sont pas, comme la plupart des fruits, un produit naturel
de la chose.

(2) Pothier, *Traité de la condictio indebiti*, n° 172.

(3) Cpr. Toullier, XI, n° 94; Duranton, XIII, n° 691; Larombière, 1378, 1379, n° 9.

12

Mais il en deviendrait redevable du jour où sa bonne foi aurait cessé. A partir de ce moment il se savait obligé de restituer l'immeuble ou le meuble indûment reçu, et en ne le rendant pas, il a commis une faute aussi grave que celui qui aurait accepté la chose sachant qu'elle ne lui était point due. Aussi l'équité demande qu'on lui fasse application des dispositions de l'article 1378 depuis cette époque. Ce que nous disons n'est pas en contradiction avec ce que nous avons admis au paragraphe précédent pour les intérêts d'une somme d'argent. Pour ceux-ci, nous nous trouvions en face d'un texte formel, l'article 1153, dont nous ne pouvions écarter l'application. Mais ici il n'en est plus ainsi, car l'article 1153 n'a point trait au cas qui nous occupe, la restitution d'une chose en nature ; il ne statue que sur les obligations de payer une somme d'argent. Aussi devons-nous, suivant la règle générale de notre matière, interpréter les dispositions de la loi d'après l'équité ; et voilà pourquoi nous croyons qu'il faut décider que celui qui a reçu de bonne foi, mais a ultérieurement connu qu'il avait indûment reçu, devient, du jour de cette découverte, débiteur des fruits.

Nous avons vu que le défendeur de bonne foi était tenu de restituer la chose en nature. Quelles sont ses obligations relativement aux détériorations subies par cette chose ? Il n'en a aucune pour tout le temps pendant lequel il est demeuré de bonne foi ; il n'en aurait même point en cas de

perte totale de la chose. Cette solution nous paraît
ressortir avec certitude des mots de l'article 1379
faisant suite à ceux que nous avons analysés : « ou
sa valeur, si elle est périe ou détériorée *par sa
faute*. » En effet, on voit que ce passage exige
une *faute* pour que l'on soit tenu à une restitution
en argent en cas de perte ou de détérioration ; or
c'est là une condition qu'il est aisé de supposer
chez un détenteur de mauvaise foi, mais qu'il est
impossible de concevoir chez celui qui est de bonne
foi. N'est-il pas, en effet, inadmissible de prétendre
que celui qui administre mal, ou laisse périr une
chose dont il se croit propriétaire, commet une
faute dans le sens juridique de ce mot (4)? Aussi
la condition imposée par l'article 1379 nous semble-t-elle commander la solution que nous avons
admise (5).

Lorsque le défendeur a de bonne foi aliéné la
chose qui lui avait été remise en payement, il n'est
tenu de restituer que le prix qu'il en a reçu et non
sa valeur réelle. L'article 1380 est formel sur ce
point : « Si celui qui est de bonne foi a vendu la
chose, il ne doit restituer que le prix de la vente. »
Cette disposition, parfaitement conforme aux prin-

(4) Le Digeste proclame le même principe à la loi 31, § 3,
De hered. pet., 5, 3 : « *Quia quasi suam rem neglexit nulli
querelæ subjectus est.* » — Voir aussi Pothier, n° 170.

(5) Cpr. dans le même sens Delvincourt, III, p. 451; Toullier, XI, 95 et 102; Marcadé, sur les articles 1378-1380, n° 2;
Larombière, V, 1378, 1379, n° 3; Colmet de Santerre, V,
360 *bis*. — Duranton, XIII, n° 693, émet une opinion différente, mais sans justifier sa manière de voir.

cipes qui doivent régler la *condictio indebiti*, empêche un payement indu de devenir une cause de
préjudice pour celui qui l'a accepté de bonne foi.
Elle s'appliquerait d'ailleurs à la vente partielle
aussi bien qu'à la vente totale (6). Elle devrait
même régir les cas d'aliénation à titre gratuit, en
ce sens, qu'elle n'autoriserait à réclamer du donateur que le profit qu'il aurait retiré de sa disposition,
et l'affranchirait de toute réclamation si cette
libéralité ne lui avait procuré aucun avantage.

L'article 1380 donne lieu à une question assez
controversée, celle de savoir si l'auteur du payement pourrait, au lieu d'actionner celui qui a reçu
la chose, diriger son action contre le tiers qui
aurait ultérieurement acquis cette chose soit comme
donataire, soit comme acheteur. Remarquons d'a-
bord que la question n'a d'intérêt que pour les
immeubles, l'article 2279 du Code Napoléon écar-
tant tout recours contre les tiers s'il s'agissait de
choses mobilières. Comment la résoudre pour les
immeubles ?

Le droit romain, dans cette circonstance, n'accordait aucune action contre le tiers ; mais une
solution aussi rigoureuse semble n'avoir point
prévalu dans notre ancien droit. Pothier y propose
une modification. D'après cet auteur, le tiers devrait échapper à tout recours lorsqu'il aurait acquis
à titre onéreux, mais il devrait être soumis à une
utilis in rem actio dans le cas où il serait acquéreur

(6) Orléans, 11 janvier 1849. Dalloz, 49, 2, 172.

à titre gratuit. Cette distinction est donnée comme
une conséquence de la règle qui veut que l'on
préfère toujours celui qui *certat de damno vitando*
au *certans de lucro captando* (7).

L'opinion de Pothier est généralement abandonnée aujourd'hui; mais voici celle que l'on
propose souvent à sa place. On admet un recours
contre le tiers donataire ou acquéreur, mais seulement lorsqu'il a reçu l'immeuble d'un détenteur
de mauvaise foi. Les partisans de ce système s'ap-
puient sur l'équité et sur un argument tiré de
l'article 1380. Cet article serait, disent-ils, complétement inutile si le demandeur pouvait, même
en cas d'aliénation de bonne foi, attaquer le tiers.
Pour le comprendre, il est indispensable de supposer que les rédacteurs ont voulu, dans le cas
qu'il suppose, ne permettre d'action que contre
le vendeur (8).

Mais cette manière de voir ne nous paraît pas
entièrement conforme aux principes de notre droit
sur la position des successeurs particuliers. Nous
croyons que ces principes demandent qu'une action soit ouverte, dans tous les cas, à l'auteur du
payement contre les tiers acquéreurs. En effet, au
moment de la réception indue, le droit de propriété
de celui qui recevait s'est trouvé restreint par une
obligation de restitution; et comme il n'a pu
transférer à ses successeurs un droit plus étendu
que celui qu'il avait lui-même, cette obligation a

(7) Pothier, n°ˢ 178, 179.
(8) Delvincourt, III, p. 681; Toullier, XI, n° 97.

dû passer à tous ceux auxquels l'immeuble a été transmis. Aussi doivent-ils être soumis à une demande de restitution de la part de celui qui a indûment payé. Quant à l'argument tiré de l'article 1380, nous ne le croyons pas très-décisif contre cette théorie, bien qu'il soit jusqu'à un certain point justifié historiquement (9). L'article 1380 a pour but unique de fixer la situation de celui qui, ayant reçu un payement indu de bonne foi, aurait aliéné la chose donnée. Il n'est nullement destiné à régler la question des actions contre les tiers, et par conséquent peut parfaitement s'accorder avec notre opinion (10).

Ainsi l'action en répétition pourrait être dirigée contre le tiers acquéreur aussi bien lorsqu'il aurait acheté de bonne que de mauvaise foi. Mais, dans le premier cas, il aurait naturellement contre son auteur un recours qui lui ferait obtenir non-seulement la restitution de son prix, mais le plus souvent des dommages-intérêts. Ce recours pourrait donc exposer cet auteur à payer une somme plus forte que celle que l'article 1380 met à sa charge. Aussi doit-on admettre, pour éviter la violation indirecte de cet article, que le vendeur pourrait en pareil cas réclamer du demandeur en répétition tout ce qu'il serait tenu de payer au tiers, en sus du prix perçu.

(9) Voir Locré, *Législation*, XIII, p. 39, n° 7.
(10) Cpr. dans le même sens Duranton, XIII, n° 683; Marcadé, sur les articles 1378-1380, n° 3; Larombière, V, art. 1380, n° 7; Colmet de Santerre, V, 361 *bis*, 3 et 4.

Le défendeur de bonne foi qui restitue la chose indûment reçue a droit à une indemnité, relativement aux impenses qu'il a faites pour sa conservation ou son amélioration. L'article 1381 consacre son droit à cet égard : « Celui auquel la chose est restituée doit tenir compte même au possesseur de mauvaise foi de toutes les dépenses nécessaires et utiles qui ont été faites pour la conservation de la chose. »

La rédaction peu claire de l'article 1381 permettrait de croire qu'il y a, au point de vue de son application, similitude complète entre les impenses nécessaires et les impenses utiles, et que les secondes comme les premières doivent être remboursées intégralement. Mais une pareille interprétation serait contraire à l'esprit général de la loi. La *condictio indebiti* ne doit pas profiter au défendeur, et c'est précisément ce qui arriverait si le demandeur était tenu de lui rembourser une valeur qui serait perdue pour lui-même s'il était resté propriétaire, c'est-à-dire la différence entre la plus-value résultant d'impenses et le coût de celles-ci. Aussi croyons-nous qu'il faut admettre que les impenses utiles ne doivent être bonifiées que jusqu'à concurrence de la mieux-value qui en est résultée (11). Cette solution est d'autant plus équitable que le défendeur de bonne foi n'a pas, comme nous le savons, à rendre compte des fruits.

(11) Pothier, n° 173. — Duranton, XIII, n° 695, admet une

Quant aux impenses voluptuaires, elles ne donne-
raient lieu à aucun remboursement. L'article 1381
n'en fait point mention, et son silence s'explique
parfaitement, car il serait très-injuste de faire
payer à celui qui recouvre sa chose, le prix d'em-
bellissements qu'il n'eût peut-être jamais effectués
lui-même.

§ 4.

B. — Le défendeur à la *condictio indebiti* qui a
reçu de mauvaise foi est tenu, comme le défendeur
de bonne foi, de restituer la chose en nature si elle
existe (art. 1379). Mais à la différence de ce défendeur, il doit tous les fruits du jour du payement.
L'article 1378 lui impose formellement l'obligation
de les restituer, et ne fait aucune distinction entre
les fruits réellement perçus et ceux qu'il aurait dû
percevoir. Il serait donc débiteur des uns et des
autres.

Si la chose reçue de mauvaise foi avait subi des
détériorations, le défendeur devrait une indemnité
égale à ces dégradations ; si elle avait péri entièrement, il serait tenu de son prix réel. Son obligation
à cet égard serait même très-rigoureuse, car il
aurait à la remplir non-seulement si la chose avait
été détériorée ou avait péri par sa faute ou sa négligence, mais même si cette dégradation ou cette

opinion contraire, mais il perd de vue que la différence du
prix était perdue pour le défendeur.

perte n'était que le résultat d'un cas fortuit. L'article 1379, dont nous avons déterminé plus haut l'application (1), est explicite à cet égard. Ses dispositions sont d'ailleurs conformes à l'équité, car il ne faut pas que l'homme qui a commis une erreur souffre de ce qu'on ait essayé, par mauvaise foi, de tirer parti de sa méprise. Mais l'équité elle-même demande que la rigueur de l'article 1379 ne soit point poussée à l'extrême, et que le défendeur puisse s'affranchir de toute restitution, en prouvant que la chose eût péri ou se fût détériorée chez le demandeur lui-même. Ce tempérament nous semble indiqué tant par l'esprit de l'article qui nous occupe, que par celui de toute la théorie de la *condictio indebiti*. En effet, il empêche l'auteur du payement de profiter de son erreur pour s'enrichir aux dépens du défendeur (2).

Si le défendeur de mauvaise foi avait aliéné soit à titre onéreux, soit à titre gratuit, la chose reçue en payement, il en devrait la valeur réelle. Cette solution se trouve justifiée par un argument *a contrario* tiré de l'article 1380. Elle résulte d'ailleurs tout naturellement des dispositions de l'article 1379, l'aliénation volontaire ne pouvant être traitée plus favorablement que la perte par cas fortuit.

En cas d'aliénation, le demandeur pourrait actionner le tiers acquéreur ou donataire, au lieu de

(1) § 3, chap. IV.
(2) L'article 1302 du Code Napoléon fournit également un argument à l'appui de cette manière de voir. — Cpr. dans le même sens Duranton, XIII, n° 693; M. Larombière, V, art. 1378, n° 3.

poursuivre celui qui avait reçu le payement. Nous avons vu que ce droit lui appartiendrait pour une aliénation faite par un défendeur de bonne foi ; il doit à plus forte raison lui être reconnu dans la situation qui nous occupe.

Les explications qui précèdent montrent que les rédacteurs du Code Napoléon ont entendu traiter avec sévérité le défendeur de mauvaise foi ; mais ils n'ont pas voulu se montrer injustes à son égard et, par l'article 1381, ils lui ont accordé le droit de réclamer une indemnité pour les impenses faites sur la chose reçue en payement. Sa position serait à cet égard, la même que celle du défendeur de bonne foi. Il ne pourrait rien exiger pour les impenses voluptuaires ; pour les impenses utiles, il serait admis à réclamer une indemnité égale à la mieux-value de la chose ; enfin pour les impenses nécessaires il aurait droit à la totalité de leur prix.

Le principe que nous avons énoncé au § 2, relativement aux obligations de l'héritier en matière de *condictio indebiti*, s'applique évidemment à l'espèce de payement dont nous nous occupons, aussi bien qu'à celui dont il a été question à ce paragraphe. Ici encore, pour déterminer ces obligations, il n'y aurait nullement à s'occuper de la bonne ou de la mauvaise foi de l'héritier ; ce serait celle de son auteur qui, seule, serait à prendre en considération.

Telles sont les principales règles de l'action en répétition de l'indu, d'après le Code Napoléon.

SECTION II.

ACTIONS ANALOGUES A LA *condictio indebiti.* — *Condictio sine causa.*— *Condictio ex injusta causa,* — *Condictio ob turpem causam.*

Au commencement de cette étude (*Notions générales*), nous avons vu qu'un payement pouvait être sans cause, soit lorsqu'il ne correspondait à aucun engagement, soit lorsqu'il correspondait à une obligation existante en apparence, mais inexistante aux yeux du droit parce qu'elle était sans cause elle-même, sur une fausse cause, ou sur une cause illicite.

Nous y avons dit également que tout payement sans cause *sensu lato* donnait lieu à une action en répétition.

Cette proposition a été justifiée à la section I, pour les payements sur une fausse cause. Il nous reste à l'établir pour les autres. C'est ce que nous allons chercher à faire maintenant ; et nous espérons y arriver par l'examen de quelques articles du Code Napoléon, rapprochés du droit romain, bien que nous ne puissions pas nous appuyer, comme pour la matière de la *condictio indebiti*, sur des dispositions très-complètes.

Nous nous occuperons d'abord des payements sans cause (*sensu stricto*), ce sera l'objet du chapitre I"; puis au chapitre II nous parlerons des payements sur une cause illicite ou contraire à l'ordre public, aux bonnes mœurs. Les développements dans lesquels nous sommes entré à la section précédente, nous dispenseront de donner de longs détails sur les actions que nous aurons à examiner, car elles présentent avec la *condictio indebiti* la plus grande analogie.

CHAPITRE Ier.

Payement sans cause. — *Condictio sine causa.*

§ 1.

Le payement sans cause qui nous intéresse ici peut se présenter dans deux hypothèses différentes. Ou bien la cause existait au moment où l'on a payé, mais a disparu par un événement ultérieur ; ou bien, se trouvant comme suspendue à ce moment, elle n'a jamais eu d'existence définitive parce que le fait à l'accomplissement duquel elle se trouvait subordonnée ne s'est point réalisé.

La première de ces hypothèses comprend par exemple : les payements faits pour l'acquisition d'immeubles dont l'acheteur a été ultérieurement dépossédé par éviction ; les indemnités payées pour le défaut de représentation d'une chose que son propriétaire a retrouvée plus tard ; les payements faits sous une condition résolutoire expresse qui s'est accomplie.

La seconde : tous les payements faits en vue d'un

événement futur dont la réalisation est légalement impossible, ou qui de fait ne s'est point accompli. Il faut supposer d'ailleurs que, dans ces différentes situations, aucune erreur n'a existé chez celui qui a fait le payement; autrement on rentrerait dans le cas des payements sur une cause erronée dont nous nous sommes occupé à la section précédente.

Chaque fois qu'un payement était fait sans cause dans le sens que nous venons de déterminer, le droit romain accordait à celui qui l'avait effectué une action en répétition, la *condictio sine causa*, qui dans certaines circonstances prenait le nom spécial de *causa data causa non secuta*.

Nous avons vu (1) que la *condictio sine causa* (*sensu lato*) avait été introduite pour empêcher une personne de conserver un accroissement de patrimoine acquis aux dépens d'autrui sans aucun fondement juridique. Une action fondée sur un motif aussi équitable a dû tout naturellement se conserver dans notre législation. Pothier nous montre qu'en effet l'exercice en fut admis par notre ancien droit (2), et deux articles du Code Napoléon prouvent que les rédacteurs de ce Code ont entendu, sur ce point, suivre la doctrine romaine. Ce sont ces deux articles 1235 et 1131 qui, complétés par les dispositions du droit romain, vont nous servir à

____

(1) Ire partie, section III, chap. II, § 2.
(2) Pothier, *Traité des obligations*, n°s 42 et suiv.

justifier la règle que nous avons énoncée dans les *Notions générales* de cette étude.

L'article 1235 porte : « Tout payement suppose une dette : ce qui a été payé sans être dû est sujet à répétition..... »

Cette disposition nous semble s'appliquer parfaitement aux payements dont nous nous occupons, et par suite autoriser à leur égard une action en répétition. En effet, prenons les deux hypothèses indiquées plus haut : dans la première, la dette à laquelle correspondait le payement était soumise à une condition résolutoire soit expresse, soit sous-entendue (3); dans la seconde elle était subordonnée à une condition suspensive. Or quel sera le résultat de l'accomplissement de la condition résolutoire ou de la non réalisation de la condition suspensive? Ce sera de rendre la dette inexistante dans le passé comme dans l'avenir. Dès lors, ce qui aura été payé relativement à cette dette aura été payé sans être dû et sera sujet à répétition (4).

L'article 1235 nous paraît donc accorder clai-

(3) Celui, par exemple, qui a payé le prix d'une acquisition, a acquitté une obligation subordonnée à la condition résolutoire tacite que la propriété de la chose achetée ne lui serait point retirée; de même, celui qui a payé une indemnité pour un dommage, a acquitté une obligation subordonnée à la condition résolutoire tacite que le dommage ne disparaîtrait point.

(4) On ne peut opposer à cette solution la règle que celui qui a fait sciemment un payement indu ne peut le répéter; car ici il n'y a point un payement indu sciemment fait, mais un payement soumis à cette condition que la dette en vue de laquelle il est fait subsisterait, ou prendrait naissance.

rement une action en répétition pour le cas que nous examinons. Il se trouve d'ailleurs pleinement confirmé par l'article 1131, qui dit : « L'obligation sans cause..... *ne peut avoir aucun effet.* »

Si le payement qui n'est que l'exécution d'une obligation ne pouvait être répété dans les conditions que nous supposons, c'est-à-dire dans des circonstances de nature à faire disparaître la cause de l'obligation à laquelle il se rapporte, il en résulterait une violation de l'article 1131 ; car cette obligation sans cause aurait un effet, celui d'avoir donné lieu à un payement inattaquable. Aussi l'article 1131 vient-il nous fournir une preuve de plus de ce fait que les rédacteurs du Code Napoléon ont voulu, pour le cas qui nous occupe, permettre une action en répétition.

Le Code Napoléon ne contient, d'ailleurs, aucune disposition spéciale sur cette action ; mais, comme elle ne peut être que l'ancienne *condictio sine causa* du droit romain, il ne faut pas hésiter à lui appliquer les règles que le Code Napoléon donne au sujet de la *condictio indebiti*, et que nous avons passées en revue à la section précédente, sauf, bien entendu, en ce qui concerne la condition de l'erreur, qui n'est point exigée au cas dont nous parlons. La *condictio indebiti* n'est, en effet, qu'une variété de l'action générale *condictio sine causa* (5) ; elle en forme, comme dit Pothier « une branche, »

(5) Cpr. L. 1, pr., D., *De cond. sine causa*, 12, 7. -- Pothier, *Traité du promutuum*, n° 156.

et par conséquent les mêmes règles doivent être
appliquées aux deux actions.

§ 2.

En faisant application des principes qui viennent
d'être indiqués à quelques-unes des situations dont
l'examen rentre dans ce chapitre, il faudra décider, par exemple, que :

L'acquéreur d'un immeuble qui, après en avoir
payé le prix, vient à être évincé, peut répéter
condictione sine causa la somme par lui versée sans
que l'on puisse se prévaloir de l'absence d'erreur
de sa part pour faire écarter son action (1). Cette
condictio lui appartiendrait non-seulement lorsqu'il aurait payé le prix de son acquisition au
vendeur lui-même, mais même dans le cas où il
l'aurait versé entre les mains d'un cessionnaire ou
d'un délégataire. Cette dernière solution soulève
cependant une objection. Ne pourrait-on pas dire
que le cessionnaire ou le délégataire se trouvant
créancier du vendeur n'a, en définitive, reçu que
ce qui lui était dû, et peut par conséquent invoquer la règle : *Nulla est repetitio ab eo qui suum
recepit ;* que sa position est exactement la même
que celle du délégataire qui a reçu le montant de sa
créance contre le délégant, des mains d'un délégué,
se croyant à tort débiteur de ce dernier, et qui, nous
l'avons vu, ne peut-être soumis à aucune répéti-

____

(1) L'article 1630 confirme pleinement cette solution.

tion (2). Mais cette objection disparaît devant un examen attentif de la situation.

Celui qui paie le prix d'une acquisition acquitte une obligation subordonnée à la condition résolutoire que la propriété de la chose achetée ne lui sera pas enlevée, et cela, aussi bien lorsqu'il verse la somme entre les mains d'un tiers désigné par le vendeur pour toucher, que lorsqu'il la remet à ce vendeur lui-même. Ce tiers substitué au vendeur pour recevoir, ne peut profiter de ses rapports particuliers avec celui-ci pour acquérir un droit quelconque contre l'acheteur. Aussi, lorsque la condition résolutoire s'accomplit, lorsque l'éviction a lieu, le payement est sans cause tout aussi bien chez ce tiers, qu'il l'eût été chez le vendeur lui-même, et il en est dû restitution. En pareille circonstance, celui qui a reçu ne retient pas un *suum ;* il détient une chose *sine causa.* Sa position est bien différente de celle du délégataire à qui sa créance contre le délégant a été acquittée par une personne déléguée qui se croyait à tort débitrice du délégant. Ce délégataire, en effet, a reçu le montant d'une créance réelle ; la somme lui a été remise, à la vérité, par un tiers, *mais au nom de son débiteur*, et dès lors il n'a point eu à s'occuper des rapports existant entre ce tiers et son débiteur, car le payement qu'on lui faisait était parfaitement valable aux termes de l'article 1236 du Code Napoléon. Au contraire, dans le cas qui nous occupe, celui qui a reçu n'a point

(2) Voir section I, chap. II, § 6, not. 3.

touché le montant de sa créance acquitté au nom de son débiteur ; il a simplement perçu un prix de vente, et la somme ainsi reçue n'a pu perdre entre ses mains son caractère réel, parce qu'il se trouvait accidentellement créancier du vendeur. Aussi ne peut-il, comme le délégataire dont il vient d'être question, invoquer la maxime : *Nulla est repetitio ab eo qui suum recepit*, et doit-il être contraint à restitution ainsi que le vendeur l'eût été, s'il avait perçu lui-même le prix de vente (3).

Par application des règles que nous avons indiquées, il faudrait décider également que l'artisan qui, ayant perdu par sa faute un objet qui lui avait été confié pour un travail, aurait indemnisé son propriétaire, pourrait, si cet objet avait été ultérieurement rapporté à son propriétaire, répéter *condictione sine causa* la somme donnée comme indemnité (4).

De même on devrait accorder une *condictio sine causa* à celui qui aurait livré une chose sous une condition résolutoire expresse qui se serait accomplie (5).

---

(3) Cpr. Mourlon, *Revue pratique*, 1863, XV, p. 97 et 303 ; XVI, p. 65. — V. Paris, 5 février 1848. Dalloz, 48, 2, 86. Cet arrêt va même trop loin en ce qu'il accorde à l'auteur du payement qui a été évincé, un véritable recours en garantie contre le cessionnaire. Un pareil recours permettant de réclamer non-seulement le prix versé, mais la restitution des frais et loyaux coûts du contrat, et souvent des dommages-intérêts, serait contraire à l'esprit de la *condictio sine causa*.

(4) Cpr. L. 2. D., *De cond. sine causa*, 12, 7.

(5) L. 4, D , *eod*.

Enfin, il faudrait décider qu'une somme donnée en dot pourrait être répétée *condictione sine causa,* si le mariage en vue duquel elle avait été payée se fût trouvé légalement impossible, ou que de fait il n'eût point été célébré (6).

Dans ces différentes circonstances, la *condictio sine causa* serait régie par les règles que nous avons développées à la section précédente relativement à la *condictio indebiti.*

CHAPITRE II.

Payement sur une cause illicite. — *Condictio ob injustam, ob turpem causam.*

§ 1.

Nous avons examiné, dans les *Notions générales,* les circonstances dans lesquelles une obligation devait être considérée comme reposant sur une cause illicite, et nous avons vu qu'il en était ainsi lorsque celui qui l'avait contractée voulait, soit faire une libéralité prohibée, soit obtenir une prestation consistant en un fait ou une abstention défendue par les lois, contraire aux bonnes mœurs ou à l'ordre public, soit enfin se libérer d'une obligation antérieurement contractée dans des conditions analogues, c'est-à-dire ayant elle-même une cause illicite. La cause illicite se trouve d'ail-

(6) L. 5, pr., *eod.*

leurs définie par le Code Napoléon, qui dit à l'article 1133 : « La cause est illicite quand elle est prohibée par la loi, quand elle est contraire aux bonnes mœurs ou à l'ordre public. »

Tout payement correspondant à une obligation de la nature de celles qui viennent d'être indiquées a lui-même une cause illicite, et par conséquent est un payement sans cause (*sensu lato*). Le droit romain en autorisait la répétition au moyen d'une *condictio ob injustam causam* ou d'une *condictio ob turpem causam*. Le fondement de ces actions, qui n'étaient que des espèces particulières de la *condictio sine causa*, est encore le principe d'équité qui veut qu'on ne laisse point une personne conserver un accroissement de patrimoine acquis aux dépens d'autrui sans aucun fondement juridique ; la cause illicite ne saurait, en effet, être ce fondement juridique, car n'étant pas reconnue par le droit, elle est absolument comme n'existant pas.

Cette action en répétition, ainsi que nous le voyons dans Pothier (1), passa dans notre ancien droit, et les rédacteurs du Code Napoléon ont voulu la conserver. Leur intention à cet égard ressort clairement de la rédaction de l'article 1131, qui porte : « L'obligation sans cause, sur une fausse cause, *sur une cause illicite*, ne peut avoir aucun effet. » Nous avons vu, en effet, au chapitre

(1) Pothier, *Traité des obligations*, n°ˢ 43-47.

précédent (2), quelles déductions il fallait tirer de cet article.

La disposition de l'article 1131 se trouve d'ailleurs confirmée par l'article 1235 que nous pouvons parfaitement invoquer ici. On sait que cet article porte que tout ce qui a été payé sans être dû, est sujet à répétition. Or la loi ne reconnaissant pas comme existante une obligation sur une cause illicite, il est impossible de dire que ce qui a été payé pour un pareil engagement fût dû. Dès lors, les payements dont nous nous occupons, se trouvant dans les conditions spécifiées par l'article 1235, doivent, aux termes de cet article, être sujets à répétition.

Les deux articles que nous venons de citer nous paraissent donc établir, d'une manière péremptoire, que les rédacteurs du Code Napoléon ont voulu accorder une action en répétition pour tout payement fait sur une cause illicite. Comme nous ne trouvons point d'ailleurs de dispositions spéciales sur cette action en répétition, il faut admettre qu'elle est l'ancienne *condictio ob injustam vel turpem causam*, et lui appliquer, par analogie, les règles énoncées relativement à la *condictio indebiti*, sauf en ce qui concerne l'erreur. Celle-ci n'est, en effet, pas plus exigée pour l'exercice de la *condictio ob injustam vel turpem causam*, qu'elle ne l'est pour l'admissibilité de la *condictio sine causa (sensu stricto)*. Cette proposition peut cependant donner lieu à

(2) Ch. I, § 1.

une objection. Ne serait-on pas autorisé à dire que celui qui a effectué en pleine connaissance de cause un payement sur une cause illicite ne saurait être admis à agir en répétition, car ayant acquitté *sciemment un indu*, il se trouve déchu de la faculté de répéter (3). L'objection est spécieuse, mais elle tombe devant cette considération que personne ne doit pouvoir par sa volonté privée, donner de force à une cause que la loi réprouve d'une manière absolue, et à laquelle elle refuse tout effet par des motifs d'ordre public (4). Or c'est précisément ce qui aurait lieu, si l'on pouvait arriver à faire repousser l'action en répétition d'un payement sur pareille cause, au moyen d'une exception fondée sur ce que le demandeur aurait sciemment payé un indu.

L'observation qui vient d'être présentée fait comprendre que l'on devrait admettre une répétition dans le cas même où celui qui aurait payé sur une cause illicite, aurait été animé d'un sentiment de délicatesse de la nature de ceux qui suffisent, en général, à rendre un payement valable. Un pareil sentiment ne saurait, en effet, prévaloir contre la disposition d'ordre public qui frappe d'inefficacité absolue l'obligation sur une cause illicite.

Avant de passer aux cas d'application de la *condictio* qui nous occupe, nous devons en signaler un

(3) Cpr. section I, chap. II, § 2, not. 7.
(4) L'article 6 du Code Napoléon peut également être invoqué pour repousser l'objection indiquée.

caractère particulier, qui la distingue de la *condictio sine causa*, comme de la *indebiti*. Elle cesse d'être admissible lorsque le payement, bien que sur cause illicite, se rapporte à une convention qui, devant procurer aux deux parties un avantage illicite, ne peut être alléguée sans turpitude par aucune d'elles. Cette restriction à la règle générale que nous avons admise ne ressort, à la vérité, d'aucune disposition expresse du Code Napoléon, mais elle est conforme aux principes du droit et à la législation romaine. Celle-ci admettait, en effet, comme règle constante que : « Ubi... et dantis et accipientis turpitudo versatur, *non posse repeti* (5)..... »

Rien ne semble plus juste que ce principe qui empêche de donner protection à la honte de l'un contre la turpitude de l'autre. Il n'est cependant pas reconnu par tous les auteurs et on l'écarte souvent, en se fondant sur ce que le refus d'action viendrait donner effet à une obligation sur une cause illicite, contrairement à l'article 1131 (6). Mais cet argument n'est que spécieux ; si de fait le payement demeure chez celui qui l'a reçu, ce n'est point du tout parce que l'on reconnaît quelque effet à l'obli-

_____

(5) L. 3, D., *De cond. ob turpem causam*, 12, 5. Cpr. L. 4, pr., et § 1, *eod.*

(6) Cpr. notamment Marcadé, sur l'article 1133 ; Colmet de Santerre, V, 49 *bis* ; Demolombe, XXIV, 382. — L'argument tiré de l'article 1376, que ces auteurs invoquent également à l'appui de leur opinion, est sans portée, cet article étant spécial à la *condictio indebiti*.

gation, mais c'est en quelque sorte accidentellement, parce qu'on refuse d'entendre celui qui veut
prouver sa propre turpitude. Nous ne croyons
donc pas qu'il faille y attacher grand poids, et
nous pensons que l'on doit admettre sans hésita-
tation la restriction indiquée, restriction bien
conforme à la dignité du juge qui demande que
Nemo audiatur turpitudinem suam allegans (7).

Telles sont les règles particulières à l'action en
répétition à laquelle donne lieu un payement sur
une cause illicite. Sous tous les autres rapports,
cette action se trouve régie par les dispositions relatives à la *condictio indebiti*.

§ 2.

Nous allons indiquer maintenant quelques applications de l'action en répétition accordée par les
articles 1131 et 1235 du Code Napoléon, en suivant
l'ordre que nous avons adopté dans les *Notions générales* en parlant de l'obligation sur une cause
illicite. Rappelons à ce sujet qu'une obligation est
sur une cause illicite, dans un contrat gratuit, lorsqu'elle correspond à une libéralité prohibée par des
raisons de bon ordre social; dans un contrat à titre
onéreux, lorsqu'elle est contractée en vue d'une
prestation consistant soit en actes punis par la loi

(7) Cpr. dans le même sens Merlin, *Questions. Cause des
obligations*, § 1, n° 2; Delvincourt, II, p. 462; Toullier, VI,
n° 126; Larombière, 1, art. 1131, n° 10; Pont, *Des petits contrats*, I, 663.

pénale, prohibés par des lois constitutionnelles ou des lois civiles d'ordre public, soit en faits de commission ou d'omission non prévus par les lois, mais réprouvés par la morale publique.

Le payement effectué en accomplissement d'une obligation de la nature de celles dont il vient d'être question emprunte naturellement le caractère de cette obligation, et doit, par conséquent, comme fait sur une cause illicite, être sujet à répétition dans tous les cas où la convention n'est pas honteuse pour les deux parties.

Ainsi le payement fait en vertu d'un engagement relatif à une libéralité défendue par la loi dans des vues d'ordre public, pourrait toujours être répété, à supposer, bien entendu, qu'il ne contînt rien de honteux pour celui qui l'aurait effectué. La Cour de cassation a fait récemment application de cette règle à des sommes versées, en parfaite connaissance de cause, à une corporation religieuse non autorisée, par un débiteur dont la dette avait été léguée à cette corporation (1).

Ainsi encore, on accorderait une action en répétition à celui qui aurait payé des intérêts usuraires ; ce payement, en effet, n'est illicite et honteux que pour l'usurier qui le reçoit (2).

Au contraire, on refuserait toute *condictio* à celui qui aurait donné de l'argent à quelqu'un pour l'empêcher de prendre part à une enchère publique, et cela

(1) Civ. cass., 13 juin 1870. Dalloz, 70, 1, 349.
(2) Angers, 27 mars 1829. Dalloz, 30, 2, 34.

aussi bien lorsque la personne ayant reçu le payement aurait pris part aux enchères que si elle
s'était abstenue de miser. La convention est coupable pour les deux parties, et celle qui a payé ne
peut être admise à alléguer sa propre turpitude (3).

Enfin les sommes payées en exécution d'un traité
secret, dans lequel on aurait, lors de la cession
d'un office, stipulé un supplément de prix, pourraient être répétées. Ce payement est contraire à
la loi d'ordre public du 28 avril 1816, qui veut que
le gouvernement ait une connaissance exacte du
traité intervenu entre le cédant et le cessionnaire;
et comme, d'un autre côté, il n'implique point de
honte grave pour celui qui l'a fait, que toute la
turpitude est pour celui qui l'a reçu et qui, dans un
intérêt de lucre, a cherché à soustraire au contrôle
du gouvernement le prix réel qu'il percevait, il
doit pouvoir être répété. C'est aussi ce que décide
une jurisprudence parfaitement fixée depuis fort
longtemps (4).

---

(3) La Cour de Limoges a adopté une solution contraire dans
un arrêt du 16 avril 1845 (Dalloz, 46, 2, 191), en assimilant
l'obligation ayant pour but de contrevenir à la liberté des
enchères à celle qui résulte d'une contre-lettre pour la transmission d'un office; mais cette assimilation est inexacte, car,
ainsi que nous allons le voir, la dissimulation du prix réel de
la cession d'un office n'entraîne de honte que pour celui qui
cède cet office.

(4) Civ. cass., 30 juillet 1844. Dalloz, 44, 1, 291. Req. rej.,
3 janvier 1849. Dalloz, 49, 1, 139. Civ. rej., 28 mai 1856. Dalloz, 56, 1, 377. Req. rej., 5 novembre 1856. Dalloz, 56, 1, 398.
La jurisprudence a varié sur la question que nous examinons; elle repoussait la *condictio,* considérant le traité secret

Les faits réprouvés par la morale publique qui rendent une cause illicite, sont les uns simplement contraires à l'ordre public, les autres contraires à la fois à l'ordre public et aux bonnes mœurs. Les premiers comme les seconds rendent le payement qui y correspond sur une cause illicite, et en autorisent par conséquent la répétition, mais toujours à la condition que la convention ayant donné lieu au payement ne soit pas honteuse pour les deux parties.

C'est ainsi que des sommes payées à une personne pour qu'elle s'abstienne de commettre un délit, ou qu'elle accomplisse un devoir juridique, pourraient être répétées (5).

C'est ainsi, au contraire, qu'une action en répétition ne serait point possible pour des payements faits à un organisateur de succès dramatiques. La convention ayant pour objet de créer un succès de théâtre est, en effet, aussi honteuse pour celui qui doit profiter de ce succès que pour celui qui se charge de l'organiser (6).

De même, aucune action ne serait donnée pour répéter des sommes payées à une femme pour prix de son honneur.

comme créant une obligation naturelle qui s'opposait à la répétition. Mais cette opinion a été abandonnée avec raison, car, ainsi que nous l'avons vu, une obligation naturelle ne peut exister en face d'une disposition créant une nullité d'ordre public.

(5) L. 2, §§ 1, 2, D., *De cond. ob turpem vel inj. caus*, 12, 5.

(6) Req. rej., 17 mai 1841. Dalloz, 41, 228. Paris, 8 août 1853. Dalloz, 53, 1, 450. Paris, 30 novembre 1839. Sirey, 40, 2, 121.

Nous ferons remarquer, en terminant, qu'il faudrait assimiler aux payements dont nous venons de parler ceux qui auraient été obtenus par la violence. Ces payements pourraient également, comme manquant de cause légitime, être répétés par la *condictio ob injustam causam* (7). Un créancier, par exemple, qui aurait obtenu d'un tiers le payement de sa créance, par la force, serait soumis à une action en répétition.

CONCLUSION.

L'examen que nous venons de faire des différentes situations dans lesquelles se rencontrent des payements sans cause, nous semble avoir établi d'une manière complète l'exactitude de la règle posée au commencement de cette étude. En effet, à part quelques circonstances tout à fait exceptionnelles, une *condictio* est possible dans tous ces cas ; et ainsi il est juste de dire que : *chaque fois qu'une personne s'est enrichie aux dépens d'une autre, au moyen d'un payement fait sans cause (latissimo sensu), elle est soumise à une action en répétition.*

(7) L. 6 ; L, 7, D., *De cond. ob injust. vel turpem causam,* 12, 5.

POSITIONS

DROIT ROMAIN.

I. L'accession ne paralyse pas simplement la *rei vindicatio* du *dominus* de la chose accessoire ; elle fait passer la propriété de cette chose au *dominus* de la chose principale.

II. L'action *de tigno juncto in duplum* n'est possible que pour des *tigna furtiva.*

III. L'*interdictum fraudatorium* fut créé pour obtenir entre la *missio in possessionnem* et la *bonorum emptio*, la restitution des objets aliénés en fraude des droits des créanciers.

IV. L'action paulienne est une action personnelle.

V. La *condictio indebiti* n'est pas antérieure au temps de Cicéron.

VI. La clause de l'édit du Préteur sur les restitutions *in integrum*, que l'on appelle *clausula generalis*, ne se rapporte qu'à des cas où un *droit a été perdu* parce qu'un obstacle matériel a empêché celui auquel il appartenait de l'exercer.

CODE NAPOLÉON.

I. L'erreur de droit rend la *condictio indebiti* recevable comme l'erreur de fait.

II. Le créancier qui, à la suite d'un payement fait par un tiers et reçu de bonne foi, a laissé prescrire son droit contre le véritable débiteur, ne peut plus être actionné en répétition par ce tiers.

III. L'héritier de celui qui avait reçu de mauvaise foi un payement indu, serait tenu de restituer les fruits, alors qu'il serait lui-même de bonne foi.

IV. Le demandeur en répétition qui aurait fait condamner un tiers acquéreur à lui restituer un immeuble indûment payé, devrait indemniser le vendeur de bonne foi de cet immeuble de tout ce qu'il serait forcé de payer à ce tiers en sus du prix de vente.

V. L'adjudicataire d'un immeuble vendu sur expropriation forcée, qui en aurait payé le prix aux créanciers de la partie saisie, pourrait répéter le payement ainsi fait, s'il venait à être évincé par le propriétaire véritable de cet immeuble.

V *bis*. La même action devrait être accordée, en cas d'éviction, à l'acheteur sur aliénation volontaire qui aurait versé son prix d'achat entre les mains de créanciers hypothécaires colloqués dans un ordre.

CODE DE PROCÉDURE.

I. La demande reconventionnelle en séparation, formée par une femme défenderesse à une demande en séparation de corps, n'a pas besoin d'être précédée d'un essai de conciliation devant le président du tribunal.

CODE DE COMMERCE.

I. Celui qui se croyant indiqué comme payeur au besoin, aurait acquitté une lettre de change protestée sur le refus de payer du tiré, pourrait répéter la somme remise au porteur, s'il n'avait agi que par erreur.

II. La somme donnée en dot par une personne tombée ultérieurement en faillite, à une époque postérieure à celle que le tribunal aurait fixée comme étant celle de la cessation des payements, ne saurait être réclamée par la masse, si les époux avaient été de bonne foi.

DROIT CRIMINEL.

I. Une Cour d'assises pourrait, sans procéder aux débats, ordonner la mise en liberté d'un accusé qui aurait subi une peine correctionnelle pour le fait motivant l'accusation.

II. Le médecin ne peut être *tenu* de révéler un secret qui lui aurait été confié à raison, et dans l'exercice de sa profession.

DROIT ADMINISTRATIF.

I. L'arrêté du préfet qui a pour objet de fixer la largeur des cours d'eau navigables et flottables, n'a pas, pour les terrains compris dans les limites indi-

quées, les effets d'un décret d'expropriation pour
cause d'utilité publique.

HISTOIRE DU DROIT.

I. L'ancienne règle du droit coutumier : *Les propres
ne remontent pas*, n'empêchait pas un oncle d'hé-
riter, dans certaines circonstances, des propres de
son neveu.

DROIT DES GENS.

I. Un envoyé diplomatique étranger pourrait
décliner la juridiction d'un tribunal français saisi
de l'appel d'un jugement dans lequel il aurait été
défendeur.

II. Le traité conclu par un plénipotentiaire n'est
obligatoire qu'après la ratification du souverain,
alors même que le droit de ratification n'a pas été
réservé.

Le président de la thèse,
Ch. GIRAUD.

Vu et permis d'imprimer,
Le Vice-Recteur,
A. MOURIER.

Vu par le doyen,
COLMET-DAAGE.

1005 — Paris. — Imprimerie Cusset et Cᵉ, rue Racine, 26.

9 782329 017839